Sur les traces des...

PIRATES

GALLIMARD JEUNESSE

Pour Paul et Bruno
Thierry

ISBN 2-07-053699-8

Dépôt légal : avril 2003 - N° d'édition : 13819
Photogravure : Mirascan
Imprimé par EuroGrafica

Sur les traces des...

PIRATES

raconté par Thierry Aprile
illustré par François Place

GALLIMARD JEUNESSE

Sur les traces des... PIRATES

GOLFE DE CAMPÊCHE
La Tortue
PORTO RICO
CUBA
SAINT-DOMINGUE
Campêche
JAMAÏQUE
Veracruz
HONDURAS
MER DES CARAÏBES
Maracaïbo
Lac Nicaragua
Carthagène
Panamá
GOLFE DE CAMPÊCHE
OCÉAN ATLANTIQUE
MER DES CARAÏBES
AMÉRIQUE

Les îles du Nouveau Monde

Le terme « Caraïbes » désigne des peuples amérindiens qui ont dominé cette région et lui ont donné leur nom. Si les Anglais utilisent ce terme pour désigner les îles, les Français préfèrent employer le nom « Antilles ».

AU BON POT

Cap sur les Antilles

Nous sommes aujourd'hui le 1er mai 1666. Je longe les quais du port du **Havre-de-Grâce** où se trouvent **mouillés** une foule de navires. Je recherche le *Saint-Jean,* pour embarquer à destination des Antilles. Je tiens à la main le contrat que j'ai signé avec la Compagnie, propriétaire de toutes les Antilles françaises d'Amérique. Pour prix de la traversée, je me suis engagé à travailler trois ans à son service.

Voici le navire auquel je vais confier mon destin. Je monte à son bord. Un vieux marin au visage **hâlé** m'interpelle. L'anneau fixé à son oreille scintille au soleil.

– Comment vous appelez-vous ?

– Alexandre-Olivier Exmelin.

– Quel âge avez-vous ?

– Je viens d'avoir vingt ans.

Je lui tends mon contrat. Il vérifie sur sa liste.

– L'avez-vous signé de votre plein gré ?

– Oh oui !

La vivacité de ma réponse lui fait lever les yeux sur moi. Il sourit et reprend :

– Qu'emportez-vous dans vos bagages ?

– Quelques habits, des livres, mon matériel de chirurgie,

Le Havre-de-Grâce : aujourd'hui Le Havre (Normandie), port fondé par François Ier en 1517.
Mouillé : ancré, amarré.
Hâlé : bronzé.

des médicaments... et trois tonnelets d'eau-de-vie comme on me l'a conseillé.

– Vous êtes **chirurgien** ? Il faut vous présenter au capitaine !

Je lui emboîte le pas. Il me fait attendre devant une porte et, quelques minutes plus tard, me fait entrer dans la cabine. Un homme assis devant une table couverte de cartes lève les yeux sur moi. Il détaille mon habit et me dévisage lentement avant de m'adresser la parole :

– Je suis Vincent Tillaye, capitaine du *Saint-Jean*. Mon second me dit que vous êtes chirurgien. Vous m'avez l'air bien jeune...

– Et pourtant, Monsieur, voici deux ans que je suis l'assistant de Guérinier à Paris !

– Votre nom ne m'est pas inconnu. Avez-vous de la famille à Honfleur ?

– Certes oui, mon père y est **apothicaire**, et j'y ai vécu avant de partir faire mes études à Rouen puis à Paris.

J'ai parlé avec une assurance qui semble le toucher.

– Eh bien, Monsieur, soyez le bienvenu à mon bord, nous aurons peut-être recours à vos services...

Et se tournant vers son second :

– J'espère que la Compagnie saura utilement employer ses talents !

Le lendemain, le navire **appareille** : cap sur les Antilles ! Le beau temps semble de la partie.

Chirurgien : médecin qui opère les patients.
Apothicaire : l'ancien nom de pharmacien.
Appareiller : quitter le port.

Le second hurle des ordres dans un porte-voix :

– Larguez les amarres !

Les coups de sifflet du maître d'équipage indiquent aux marins la bonne marche des opérations. Les poulies grincent : l'énorme masse du navire s'ébranle lentement. Nous sommes partis !

Je vais à la rencontre du capitaine sur le pont.

– Quel sera notre itinéraire ?

– Nous allons longer les côtes de France, puis celles du nord de l'Espagne, et ensuite, cap sur les **Isles**.

– Pourquoi sommes-nous escortés par un vaisseau de la Marine royale ?

– Mon jeune ami, les vaisseaux qui naviguent avec nous de conserve emportent tous des marchandises qu'ils vont négocier dans le monde entier : les uns vont au Sénégal ou ailleurs en Afrique, ou encore vers Terre-Neuve... D'autres comme nous se dirigent vers les Antilles. Nous emportons dans nos **cales**, à ce que je sais, des boutons, des aiguilles, des assiettes de porcelaine... M. de Sourdis, commandant de l'*Hermine,* est là pour nous protéger. Ses trente-six pièces de canon sauront bien dissuader les quatre **frégates** anglaises que l'on nous a signalées.

Isles : ancienne orthographe pour les îles des Antilles.
Cale : partie la plus basse du navire, où l'on entrepose la cargaison.
Frégate : navire de guerre rapide et fortement armé.

Déjà une semaine de navigation. J'observe le travail de

l'équipage : je les connais tous désormais, les marins, les mousses, les pilotes, le charpentier, et même l'**écrivain**... La lecture, le jeu d'échecs, les promenades sur le **gaillard** m'aident à passer le temps, car le spectacle de la mer est bien monotone, sans compter que le roulis me fait tourner la tête. Mais l'ennui commence à peser et prête aux confidences.

Un compagnon de voyage, d'abord intimidé par mes habits, ma figure et ma familiarité avec le commandant, ose m'adresser la parole.

– C'est la première fois que je vois la mer, et vous ?

– Vous savez, j'ai grandi à Honfleur et, avec les gamins de mon âge, on traînait souvent sur les quais.

– Vous connaissez les Isles ?

– Non, mais je brûle de les découvrir. On m'en a tant parlé...

– On raconte que vous êtes chirurgien et de bonne famille. Pourquoi donc vous êtes-vous engagé dans la Compagnie ?

J'hésite un peu, mais enhardi par la noble figure de mon compagnon, je lui livre mon lourd secret.

– Vous savez sans doute que le **roi Louis** vient d'interdire l'exercice de nombreuses professions aux protestants. Or, Monsieur, voilà pourquoi je dois quitter mon pays : je suis comme on le dit

Écrivain : celui qui est chargé de noter tous les événements pendant une traversée.
Gaillard : partie surélevée du pont à l'avant et à l'arrière du navire.
Roi Louis : Louis XIV, qui règne sur la France de 1643 à 1715.

un **huguenot**, fidèle de ce que les catholiques nomment la « religion prétendue réformée ». Les Isles françaises sont moins regardantes sans doute : je pourrai y exercer mon métier.

Huguenot : surnom donné jadis aux protestants par les catholiques.

Soudain, le vent se lève avec une bruine si épaisse qu'il semble faire nuit. Il souffle toute la journée. Le lendemain, je crois ma dernière heure arrrivée. Je comprends mieux les paroles de saint Paul que le pasteur répétait souvent : « Pour apprendre à prier, il faut aller sur la mer », et je ne suis pas le dernier à avoir recours aux prières ! Puis, inexplicablement, la mer se calme et nous poursuivons notre route. L'*Hermine* a rebroussé chemin,

et les autres bateaux ont été dispersés par la tempête. Nous sommes seuls désormais.

Quelques jours plus tard, ayant pris la **hauteur**, les pilotes nous disent que nous sommes sous le **tropique**. Tout l'équipage s'agite et prépare une mystérieuse cérémonie. Le contremaître est assis sur une espèce de trône recouvert de peau de mouton. Il tient une grande épée de bois à la main et une carte de l'Océan devant lui. Il somme les passagers de comparaître devant son « tribunal ». Le sort me désigne en premier. Je dois me glisser dans une

Hauteur : position du navire en latitude, par rapport à l'équateur.
Tropique : ligne imaginaire parallèle à l'équateur. Ici, le tropique du Cancer.

cuve pleine d'eau de mer et jurer la main sur la carte. Le capitaine accepte d'être mon parrain, car il s'agit bien d'un baptême. Je reçois un déluge d'eau : les marins placés dans la grande **hune**, dans les **haubans** et sur les bords du vaisseau m'en versent des seaux entiers. Trempé comme une soupe, il me faut offrir de l'eau-de-vie à tout l'équipage. C'est ainsi que je suis intronisé dans la **confrérie** de ceux qui ont franchi la ligne...

À deux cents **lieues** des Antilles, la **vigie** nous

Hune : plate-forme fixée à l'extrémité supérieure du grand mât.
Haubans : gros cordages qui tiennent les mâts solidement fixés au navire.
Confrérie : association.
Lieue : environ 5,50 km.
Vigie : guetteur placé en haut du grand mât.

signale un vaisseau anglais. Il nous suit quelques heures, mais abandonne la partie : le capitaine a su manœuvrer habilement pour le distancer.

Le voyage s'éternise, nous avons pris du retard. L'eau nous est rationnée : un **demi-setier** par jour, juste de quoi ne pas mourir de soif. Peu de temps après, nous apercevons enfin une île.

– L'île de Santa Lucia, nous dit le capitaine, nous arrivons aux Antilles.

Nous ne sommes pas au bout de nos efforts : le courant ne nous permet d'aborder ni à la Martinique ni à la Guadeloupe. Ce n'est que quatre jours plus tard que nous pouvons mouiller à Port-Margot, dans l'île de Saint-Domingue, le 6 juillet, après soixante-six jours de navigation. Nous sommes à bout de forces.

Aussitôt vient à nous un canot. Six hommes montent à notre bord. Quelle étrange apparition ! Ils n'ont pour tout habillement qu'une petite **casaque** de toile et un caleçon qui ne leur vient qu'à mi-cuisse. Ils sont **basanés**, quelques-uns ont les cheveux hérissés, d'autres noués. Tous ont la barbe longue et portent à la ceinture un étui de peau de crocodile dans lequel sont fichés de formidables couteaux. Le capitaine nous apprend que ce sont des **boucaniers**. Ils nous apportent de la viande séchée, et en récompense, nous les régalons d'eau-de-vie.

Demi-setier : environ 70 l, pour tous les occupants du navire.
Casaque : tunique.
Basané : le teint bruni par le soleil et l'air marin.
Boucanier : chasseur d'animaux sauvages.

Puis vient le tour des **habitants** qui nous présentent toutes sortes de fruits inconnus pour nous rafraîchir. Un matelot m'apprend leur nom : abricots, ananas, avocats, mangues... Notre chaloupe va à terre chercher de l'eau. Tout cela efface comme par magie les tourments de la faim et de la soif, dont nous commencions à souffrir.

Le lendemain matin, 7 juillet, nous arrivons enfin à notre but : nous mouillons l'ancre dans une **rade** de l'île de la Tortue. L'île me paraît comme une énorme montagne entrecoupée de précipices, recouverte d'une épaisse végétation. Peu à peu, j'aperçois les maisons, et enfin, dominant la rade, le fort que nous saluons de sept coups de canon. Nous descendons à terre et allons nous présenter à M. d'Ogeron, le **gouverneur**, et aux notables de l'île qui nous attendent sur le rivage. Tous ceux qui comme moi sont engagés par la Compagnie sont conduits au **magasin** du commis général, un dénommé La Vie.

– Je vous donne deux jours pour vous rafraîchir et vous promener dans l'île. Il sera temps ensuite de décider à quoi on vous emploiera.

Il ajoute d'un air mauvais en nous fixant les uns après les autres :

– Ne soyez pas en retard au rendez-vous, vous seriez tenus pour déserteurs.

Habitant : paysan des îles caraïbes.
Rade : vaste bassin naturel ayant issue vers la mer et où les navires peuvent trouver un mouillage abrité.
Gouverneur : représentant du roi sur l'île.
Magasin : entrepôt de la Compagnie.

AU XVIIE SIÈCLE, l'Europe est déchirée entre grandes puissances : l'Espagne, l'Angleterre, la France, et une nouvelle venue, les Provinces-Unies (Pays-Bas). Ces dernières arrachent leur indépendance à l'Espagne entre 1579 et 1648.

Les dragonnades
Ce dessin montre les dragons (soldats) de Louis XIV obligeant les protestants à se convertir au catholicisme.

Guillaume III (1650-1702)

Philippe II (1527-1598)

« Je dois quitter mon pays car je suis comme on le dit un huguenot. »

Catholiques et protestants
Depuis le XVIe siècle, les chrétiens d'Europe de l'Ouest sont divisés entre catholiques et protestants. Cette division provoque de sanglantes guerres de religion.
Au XVIIe siècle, les rois imposent toujours à leurs sujets de suivre l'une ou l'autre de ces religions.

Les rois d'Europe
Philippe II, roi d'Espagne à partir de 1556, règne sur une grande partie de l'Europe et sur un immense empire.

Guillaume III, gouverneur des Provinces-Unies à partir de 1672, devient, en 1689, roi d'Angleterre, d'Écosse et d'Irlande.

Le siège du port de La Rochelle, ville protestante, dure plus d'un an.

Le siège de La Rochelle
L'édit de Nantes (1598) accorde le contrôle de quelques villes (comme La Rochelle) aux protestants. Mais Louis XIII veut empêcher ces derniers de devenir trop puissants : La Rochelle doit se rendre en octobre 1628.

Louis XIV
Devenu roi à cinq ans à la mort de son père, il gouverne seul à partir de 1661. Il invente un nouveau régime politique, la monarchie absolue. Il fait de la France, au prix de guerres incessantes, la plus grande puissance d'Europe.

Louis XIV (1638-1715)

Les rivalités européennes
La plupart des richesses du monde, et spécialement de l'Amérique, sont monopolisées par l'Espagne et le Portugal. Les Hollandais, les Anglais et les Français créent alors des compagnies de commerce chargées de s'approprier ces richesses par tous les moyens, y compris en les dérobant aux Espagnols et aux Portugais.

L'île de la Tortue

À peine débarqué, le capitaine Tillaye est invité à la table du gouverneur ; il me prie de me joindre à lui. Je m'exécute de bonne grâce, désireux d'en savoir plus sur mon avenir. Nous accédons à la maison du gouverneur par une échelle en fer : un petit fort, le fort de la Roche, surmonté d'une sorte de **donjon**. De là, nous dominons toute la rade de Basse-Terre. La vue est superbe : une forêt luxuriante du vert le plus profond au vert le plus tendre, parsemée de fleurs éclatantes, semble se jeter dans la mer bleu turquoise, mais la lumière est aveuglante, et la chaleur suffocante. Heureusement, il fait plus frais à l'intérieur, où l'air circule librement.

Donjon : la plus haute tour d'un château.

Capucin : moine de l'ordre des Franciscains.

Le gouverneur, M. d'Ogeron, nous présente les autres convives : son second, le sieur Michel d'Artigny, le père **capucin** Marc, ses neveux Jacques et Charles Nepveu de Pouancey.

– Vous avez devant vous la fine fleur de la noblesse

angevine, venue ici chercher la gloire et la richesse. Cette contrée trempe à jamais le caractère des hommes. Elle peut faire votre fortune ou vous rendre fou : pas de place pour les tièdes !

Angevin : de l'Anjou, région autour d'Angers.

Le repas est surprenant : des perroquets grillés, des serpents et des lézards rôtis, une tortue en ragoût… mais je n'ai pas le temps de m'étonner de ce que l'on nous sert, je ne veux pas perdre une parole.

M. d'Ogeron m'apprend le destin singulier de cette île. Des Français, chassés de l'île de Saint-Christophe, sont venus les premiers s'y installer. Puis l'île a été prise tour à tour par les Espagnols, les Anglais, à nouveau les Français, avec le capitaine Le Vasseur à leur tête – un huguenot qui finit par devenir un tyran, et périt assassiné par ses

propres lieutenants. Reprise par les Espagnols, elle est enfin repassée sous le contrôle de la toute nouvelle compagnie des Indes créée par M. de **Colbert**.

– Les Espagnols prétendent toujours nous interdire l'accès aux richesses de l'Amérique et des Isles et veulent nous en chasser. Mais il n'en est pas question, nous voulons nous aussi notre part. Le sucre se vend aujourd'hui au prix de l'or, et Saint-Domingue est une « île à sucre ». Nous devons la conquérir. Pour cela, l'île de la Tortue est la **tête de pont** idéale. Il nous faut être plus nombreux, plus habiles et plus riches que les Espagnols. C'est pourquoi, j'ai demandé que l'on m'envoie des femmes.

Le capucin commente :

Jean-Baptiste Colbert (1619-1683) : ministre de Louis XIV.
Tête de pont : position conquise qui servira de point de départ pour une expédition ultérieure.

– Il vaudrait mieux ne plus envoyer de femmes plutôt que celles du genre que nous avons reçu. Elles ruinent la santé des hommes et leur causent tant de soucis qu'elles les conduisent prématurément à la tombe, sans parler des autres méfaits par lesquels elles troublent la paix et l'ordre.

– Je vous le concède, l'abbé, on m'a envoyé deux cargaisons de mégères de la **Salpêtrière**, des **catins** ramassées du ruisseau, dont le langage était aussi exécrable que la moralité. Mais je n'ai eu aucun mal à m'en débarrasser : je les ai cédées au plus offrant, et la plupart ont épousé leurs employeurs.

Jacques surenchérit :

– La vie coloniale, il est vrai, n'attire habituellement pas la crème de la population, mais ce que nous recevons ici, c'est la racaille de toutes les parties du monde, qui a été forcée d'émigrer pour sa conduite **licencieuse** ou son passé chargé.

Salpêtrière : bâtiment construit en 1656 à Paris pour accueillir malades, vagabonds, mendiants, délinquants…
Catin : femme prostituée.
Licencieux : contraire aux bonnes mœurs.

D'Ogeron s'indigne :

– Que signifient ces remarques ? Avez-vous oublié notre passé ? Vous l'abbé, avez-vous oublié notre naufrage à Léogane, et comment nous n'avons dû notre salut qu'en menant la vie de boucanier ? Et ensuite, avez-vous oublié comment nous avons investi nos bénéfices en achetant en France une cargaison de vin et d'eau-de-vie et comment, de retour à Saint-Domingue, nous avons été escroqués par un marchand français de la Jamaïque ? Vous ne l'ignorez pas, je suis pour l'heure couvert de dettes, voilà bien de quoi donner des leçons... Vous avez été bien aise que mon ami Robert Clodoré, gouverneur de la Martinique, me fasse obtenir ce poste de gouverneur de la Tortue.

Je m'enhardis à poser une question :

– Y a-t-il des **flibustiers** dans ces parages ? On raconte que la férocité de ces bandits ne connaît pas de limites...

Toute la table éclate de rire. Michel d'Artigny répond en me fixant droit dans les yeux :

– Les flibustiers sont des gens comme nous, ou comme vous peut-être. Comment croyez-vous que nous pourrions faire entendre raison aux Espagnols sans leur dérober ces richesses qu'ils s'accaparent ?

Le gouverneur continue :

– Vous avez encore beaucoup à apprendre, mon jeune ami, tous les flibustiers ont des **lettres de commission** officielles, c'est d'ailleurs mon devoir de leur en fournir au nom du roi. Leurs prises sont dûment enregistrées à leur retour. Il y a un mois, nous avons ainsi mis la main sur un chargement de cacao que nous conservons bien au sec dans un entrepôt avant que de l'expédier en France.

Le repas se poursuit, mais les rasades d'eau-de-vie et la bonne chère me font perdre le fil de la

Flibustier : pirate.
Lettre de commission : autorisation officielle de piller des navires d'une puissance étrangère.

conversation. Je médite mes découvertes : ces hommes n'ont pas froid aux yeux, leur courage impressionne. Mais tout est si compliqué : ils prétendent agir pour le roi, mais le roi sait-il seulement comment on agit ici en son nom ?

Je m'endors sur la table et ne me réveille que le lendemain dans une chambre inconnue. Le soleil est déjà haut : c'est l'heure du déjeuner. En sortant, je tombe sur le gouverneur qui m'observe avec attention.

– Que comptez-vous faire parmi nous, jeune homme ?

– J'ai hâte de pouvoir exercer la médecine et la chirurgie.

– Vous êtes chirurgien ? Il est temps que vous montriez de quoi vous êtes capable. La fortune sourit aux audacieux. Vous pourrez toujours compter sur mon aide. Bon vent, mon jeune ami...

Je descends sur le port. Le mouvement des chaloupes qui vont et viennent vers le *Saint-Jean* retient mon attention. À mes côtés, un homme observe lui aussi l'animation de la rade. Je me tourne vers lui.

– Que charge-t-on ?

– Des feuilles de **pétun**, du cacao, et du **bois de brésil**.

– M. d'Ogeron a l'air d'un bon gouverneur.

– Ne crois pas cela : il nous vend très cher toutes les

Pétun : ancien nom du tabac.
Bois de brésil : bois de couleur rouge utilisé par les ébénistes.

marchandises qui arrivent et nous achète nos produits pour une misère. Il dit que c'est pour la Compagnie, mais je crois bien qu'il en garde la plus large part. Il a fait beaucoup pour l'île, mais il a surtout beaucoup fait pour lui et ses proches. Sans les contrebandiers, on n'arriverait pas à survivre : ils nous achètent nos marchandises plus cher que la Compagnie.

Mon nouvel ami m'entraîne dans une taverne du port. Près de nous, à une autre table, j'entends parler l'anglais et le hollandais.

– Qui sont ces hommes ?

– Eh bien, justement, ce sont des flibustiers. Ils sont venus nous vendre leurs prises.

– Ils ont de l'or pris aux Espagnols ?

Il éclate de rire.

– Penses-tu ! Ça fait bien longtemps qu'ils savent le protéger, leur or. Non, moi je leur ai acheté de la vaisselle. Leur bateau est dans une rade pas très loin d'ici. Il est arrivé dans un triste état : cela fait deux mois qu'ils le réparent.

– Que font-ils en attendant ?

– Eh bien, tu vois, ils boivent, jouent aux cartes, et quand ils ne sont pas saouls, ils complotent avec leurs congénères et montent leur prochain coup.

– Je pensais que les Anglais allaient plutôt à la Jamaïque ?

– C'est plus intéressant pour eux de venir ici. Le gouverneur de la Jamaïque prend deux cents écus pour délivrer les commissions et s'adjuge dix-sept pour cent des prises. M. d'Ogeron délivre gratuitement les commissions et ne prend que dix pour cent. Au total, tout le monde est gagnant.

– Et vous, vous n'avez pas l'air d'un flibustier.

– Oh non, moi je suis un habitant, comme on dit ici. La mer, très peu pour moi ! Il faut bien ravitailler les flibustiers. Il y a de l'ouvrage et de quoi survivre, car la terre est généreuse. Mais le travail est dur, et il faut résister aux fièvres. On a besoin de bras : c'est pour cela que l'on vous a engagé.

Je m'étonne :

– Je suis chirurgien, c'est pour exercer mon métier que je suis venu.

Il m'observe, **incrédule** :

Incrédule : qui doute de ce qu'on lui dit.

– Tu verras bien ce qu'ils te diront demain... En attendant, tu vas venir dormir à la maison. La nuit tombe vite.

Je ne suis pas fâché de cette proposition : nous avons beaucoup bu et la tête commence à me tourner.

LE NOUVEAU MONDE est riche en or et en argent. Lors de la colonisation, les Espagnols exploitent les mines pour expédier les précieux métaux à Séville. Mais l'Amérique dispose d'autres trésors, et les Européens s'habituent à consommer de nouveaux produits : café, cacao, tabac. À la fin du XVIIe siècle, le sucre est la principale exportation des Caraïbes.

Les pièces de huit
Ces morceaux d'or frappés aux armes espagnoles et hollandaises servent de monnaie. Leur valeur correspond à leur poids en or.

Les mines
Les mineurs, des Indiens, descendent dans des puits et creusent le sol parfois sur des dizaines de mètres de profondeur. Faiblement éclairés par de mauvaises torches, manquant d'aération, ils remontent à la surface des tonnes de roches renfermant du minerai. Des dizaines, voire des centaines de milliers d'entre eux en sont morts.

Pièces de huit

Café

Canne à sucre

Tabac

Cacao

Travail des esclaves sur une plantation de cannes à sucre

« Les Espagnols prétendent nous interdire l'accès aux richesses des Isles et veulent nous en chasser... »

La canne à sucre
Déjà cultivée en Asie, en Afrique et dans le sud de l'Europe, la canne que l'on presse pour en extraire du sucre liquide fut plantée sur de larges superficies dans toutes les îles Caraïbes.

Le cacao
La graine de cacao torréfiée (brûlée) et broyée sert à fabriquer le chocolat.

Le café
Originaire d'Arabie et d'Inde, le café est une infusion de graines de caféier torréfiées et broyées.

Le tabac
Le tabac est une plante dont on consomme les larges feuilles, séchées et coupées en très fines lamelles, en les fumant ou en les mâchant (chiquer).

L'or et l'argent
Les conquistadores espagnols et portugais exploitent l'or de Saint-Domingue, et pillent les trésors des Aztèques et des Incas. Puis, ils ouvrent des mines au Brésil, au Pérou et au Mexique. Dès 1560, l'argent représente 95 % du minerai extrait. Entre 1500 et 1650, 200 tonnes d'or et 10 000 d'argent sont expédiées en Europe.

La plantation

Chemin faisant, mon nouveau compagnon me raconte son histoire.

– Voici dix ans que je suis dans l'île. Je suis arrivé avec un gars de mon village. Comme le veut la coutume, nous nous sommes associés. Le gouverneur nous a donné un lot de terre dans le premier rang, c'est-à-dire au bord de la mer : c'est bien plus commode pour tordre le tabac. Nous avons eu de la chance : premiers arrivés, premiers servis, les suivants ont eu des terres plus à l'intérieur. D'abord, nous avons planté des légumes, des pois, des patates, du **manioc** dont on fait la **cassave**, et puis des arbres fruitiers, des bananiers et des figuiers... Au bout d'un an, on s'est lancés dans le tabac. Il a fallu couper tous les arbres et déterrer les souches. Puis, mon associé est mort du **mal de Siam**, et moi-même, j'en ai réchappé de peu. Grâce à notre **convention**, j'ai hérité de toute sa part.

– Comment l'avez-vous remplacé ?

– À force d'économies, j'ai pu acheter deux

Manioc : plante dont on utilise le tubercule pour faire de la farine.
Cassave : galette cuite de farine de manioc.
Mal de Siam : paludisme, maladie infectieuse qui se transmet par la piqûre d'un moustique.
Convention : contrat entre deux associés.

nègres. L'année dernière, je me suis marié avec une des filles que le gouverneur a fait venir de France. Elle est dure à l'ouvrage, et pas feignante pour un sou... J'aimerais bien planter de la canne, qui rapporte gros, mais il faut énormément d'argent, et le travail est encore plus dur que pour le tabac. Il me faudrait pouvoir embaucher des **engagés** tout comme toi. Aujourd'hui, la Compagnie se charge de les faire venir de France et elle les vend aux enchères. Bien entendu, les riches planteurs raflent les meilleurs...

Après une demi-heure de marche, nous arrivons dans la demeure de mon hôte. C'est une grande case faite de troncs d'arbres et recouverte de feuilles de palmier, et de roseaux. Nous n'avons presque pas vu sa femme : elle est restée dans une petite case à côté qui sert de cuisine. Il me désigne mon lit, je m'y allonge.

– C'est confortable. De quoi est faite cette paillasse ?

– De feuilles de bananier.

– Pourquoi le sommier n'est-il pas posé sur le sol ?

– Tu préférerais dormir avec les scorpions et les serpents ? N'oublie pas de t'enrouler dans ce drap, sinon, les moustiques auront raison de ton sommeil.

Le lendemain, je découvre une féerie. Le parfum venant des citronniers, des framboisiers et des goyaviers se mêlant aux odeurs des plantes aromatiques embaume le vallon. Je prends congé de

Nègre : esclave venu d'Afrique employé dans les colonies.
Engagé : personne ayant signé un contrat de travail avec la Compagnie.

mon hôte, non sans l'avoir remercié, et me hâte sur le chemin qui me ramène au bourg, en route vers mon destin.

Je retrouve mes compagnons de voyage – engagés comme moi – sur la place. Le capitaine Tillaye est là aussi, et je m'empresse de le saluer.

Le **commis général** de la Compagnie, La Vie, aboie ses ordres. Son visage ingrat s'éclaire d'une joie mauvaise :

– Voici venu le moment de rembourser le prix de votre voyage. Mettez-vous en rang ! Et en silence !

Une vingtaine d'habitants passent devant nous en nous observant. Je n'ai pas l'heur de plaire à ces planteurs qui recherchent avant tout des hommes durs à la tâche et habitués aux travaux des champs. Mes habits et mes mains fines me trahissent… La Vie s'approche de moi.

– Trente écus ! Qui dit mieux ? lance-t-il à la cantonade.

Personne ne se manifeste.

– Le voici adjugé pour trente écus.

Il se tourne vers son **commandant** :

– Emmène-le !

J'interroge le second de l'ignoble La Vie :

– Mais, où allons-nous ?

– À une lieue d'ici, sur la plantation de M. La Vie.

– Mais je suis chirurgien… Attendez !

Je me retourne vers La Vie :

– Je crois qu'il y a un malentendu, Monsieur. Ce n'est pas ce qui a été convenu avec la Compagnie.

Commis général : représentant de la Compagnie sur l'île.
Commandant : intendant d'une plantation.

– Et moi, je ne crois pas ; la Compagnie, ici, c'est moi, gronde-t-il avec un air menaçant.

– Je vous offre deux écus par jour si vous me laissez libre d'exercer ma profession. Songez qu'en quinze jours vous aurez déjà trente écus.

– Il suffit ! hurle-t-il. Suis les autres, et ne t'avise pas de jouer au plus fin. Je saurai bien te faire passer tes airs de Monsieur.

C'est comme si le sol se dérobait sous mes pas. Je reste sans voix. Voici donc ce que l'avenir me réserve : trimer comme un esclave sur la plantation d'un homme cruel et sans pitié ! Je ne sais rien du travail de la terre.

C'est le capitaine Tillaye qui recueille les sommes des enchères. Je croise son regard. Il détourne les yeux : il ne fera rien pour moi.

Quatre hommes partagent mon sort. Personne n'a le courage de dire un mot... Nous arrivons dans la plantation. Six nègres sont déjà là, ils nous observent. L'un d'entre eux a des marques horribles sur le dos.

– Mais d'où te viennent ces marques ?

En silence, il me désigne le bâton que tient le commandant. Celui-ci surprend mon regard.

– Ce bâton, c'est ma liane, et tu as intérêt à filer doux si tu ne veux pas en tâter.

Nous sommes conduits dans une grande case où dorment tous les employés, quatre familles de nègres et des engagés, soit une trentaine de personnes.

Chaque jour se déroule de la même manière. Ce n'est pas le chant du coq qui nous réveille, mais des claquements de fouet, des cris de douleur et des gémissements. Ces horribles claquements rythment notre journée : ils annoncent le moment de partir au champ, l'heure de la prière, la pause du repas, la fin de la journée et le signal du retour.

Nous sommes dans le champ de tabac jusqu'au coucher du soleil et souvent même après. La culture du tabac n'a jamais de fin. Le commandant a coutume de nous dire : « Tant que vous tenez sur vos jambes, et que vous êtes réveillés, vous pouvez travailler » ; et pour nous empêcher de nous endormir, il a trouvé une solution : il nous fait chanter. Les esclaves nègres sont au champ avec nous, pendant que leurs enfants surveillent les animaux de la plantation. Ils passent la plupart de leur temps à ramasser des herbes et des feuilles. Les femmes préparent un maigre repas qu'elles viennent nous apporter.

Selon l'usage, La Vie nous a attribué à chacun un lopin de mauvaise terre caillouteuse et sèche que nous pouvons cultiver le dimanche, notre seul jour de repos. En plus de notre travail sur la plantation, nous devons trouver nous-même de quoi manger, mais cela ne suffit pas. À tour de rôle, chacun d'entre nous passe une partie de sa courte nuit à courir la campagne, à piller les potagers, voler les poulaillers ou mendier de la nourriture, en essayant d'échapper aux morsures des chiens.

En plus de la faim, les mauvais traitements manquent de nous faire périr à chaque moment. Rien ne me distingue plus des esclaves : le front ruisselant de sueur, les yeux ternes, les épaules couvertes de plaies et de mouches… Nos corps sont tellement affaiblis qu'à la saison des pluies, lorsque la maladie nous prend, nous ne pouvons y résister.

Quelques mois après mon arrivée, je tombe malade à mon tour. J'ai plus de chance que deux de mes compagnons, morts et enterrés dans un coin du champ. Une sueur me tire d'affaire. Mais je n'ai plus de quoi manger, puisque je ne travaille pas. Je me nourris donc d'oranges amères qui ne font que me nouer l'estomac.

Un matin, n'y tenant plus, je me traîne hors de l'**habitation** et descends jusqu'au port. Un secrétaire du gouverneur me reconnaît, me prend en compassion, me mène chez lui et me donne à manger. Un peu rassasié, je gravis à nouveau le chemin jusqu'à la plantation de mon maître. Il m'attend sur le seuil, avec ses gens, une lunette d'approche à la main. Il hurle à mes oreilles :

Habitation : plantation.

– Tu vois cette lunette, elle m'a permis d'observer ton manège. Qu'on l'enferme au cachot !

Le commandant me jette dans un cachot plein d'**immondices**, les fers aux pieds. Trois jours plus tard, l'ignoble La Vie vient lui-même m'en tirer. La lumière m'aveugle.

– Maudit espion, avoue que le gouverneur veut savoir ce que je fais chez moi. Qu'as-tu dit au secrétaire ?

Je tombe des nues. Mon air de sincérité semble le convaincre. Se ravisant, il m'ordonne d'aller défricher une terre non loin de là. C'en est trop, je décide de m'enfuir pour de bon cette fois.

Le soir venu, en prenant soin de ne pas me faire voir, je me glisse jusqu'au rivage. La Providence veut qu'un pêcheur remonte ses lignes. Sa barque est là, toute proche. Je suis hirsute, maigre à faire peur, mes vêtements sont en lambeaux, j'ai le visage dévoré par la barbe... Il prend pitié de moi et accepte de m'emmener loin de cette île maudite, de l'autre côté du **chenal**, dans la haute terre de Saint-Domingue. Il me dépose dans une crique déserte et continue sa route. Sans tarder, je cours dans la forêt, et par miracle, je trouve une grotte pour m'abriter.

J'ai tout perdu, mon coffre de chirurgien, mes maigres économies, mais je suis libre...

Immondice : ordure.
Chenal : bras de mer qui sépare l'île de la Tortue de Saint-Domingue.

Récolte de la canne
On coupe les tiges et on les transporte au moulin où les cannes sont broyées. Le jus est raffiné (chauffé) à la sucrerie qui marche sans cesse.

LA CULTURE DES PRODUITS TROPICAUX sur les plantations réclame une main-d'œuvre très importante. Or, les Indiens sont rapidement décimés par les maladies et les mauvais traitements et les engagés sont peu nombreux. La « solution » est trouvée : l'importation d'esclaves noirs capturés en Afrique.

Les châtiments
Les contremaîtres ne connaissent qu'un moyen pour que le travail soit correctement fait : le fouet et les châtiments corporels.

Les conditions de vie
Un travail quotidien harassant, des conditions climatiques difficiles… la vie est dure pour les ouvriers qui doivent travailler jusqu'à la limite de leurs forces.

“Nous sommes dans le champ de tabac jusqu’au coucher du soleil et souvent même après.”

Habitation sucrière au XVIIIe siècle
On distingue au centre les champs de canne, à gauche les cases des ouvriers agricoles, engagés et esclaves, et sur un promontoire la demeure du maître ; à droite, les bâtiments d’exploitation : le hangar pour conserver les cannes, le moulin pour en extraire le jus.

Pain cassave

Préparation de la cassave
La racine de manioc est finement râpée et tamisée. Puis on forme une galette avec la farine obtenue. Enfin on retourne la galette pendant la cuisson. Ce pain fournit l’essentiel de l’alimentation.

Châtiment particulièrement terrible pour les esclaves : la mise «à la barre»

Culture du tabac
On fait lever la graine de tabac dans une case bien abritée. Ensuite, chaque plant est mis en terre. Puis, quand la plante est parvenue à maturité, on récolte une à une les feuilles. Ensuite, on les accroche pour les faire sécher dans une case et on entretient un feu en dessous. Enfin, on tord les feuilles dans l’eau avant de les attacher en fagot… et tout recommence.

Dans la jungle

Les rayons du soleil viennent frapper ma joue. Je me réveille et m'aperçois que je suis allongé sur un tas d'ossements. Transi de peur, je détale et tombe nez à nez avec un homme, un formidable fusil à la main, la pipe au bec... Je glisse et tombe à terre en hurlant. Une bête énorme se jette sur moi. L'homme éclate de rire.

– As-tu peur d'un chien ?

Je reconnais l'un des boucaniers qui étaient montés à bord de notre navire le jour de notre arrivée.

– Bienvenue à Saint-Domingue, mon garçon !

– D'où viennent ces ossements ?

– Bah ! ce sont sans doute des restes d'**Indiens caraïbes**. Ils vivaient dans cette île, mais les Espagnols les ont exterminés. Ils sont partis et n'ont laissé ici que leurs animaux domestiques, qui sont retournés à l'état sauvage. Mais toi, que fais-tu là ?

Je lui raconte mes mésaventures.

– Tu n'es pas le seul. Beaucoup d'entre nous ont connu le même sort. Mais te voilà **marron** à présent. Rejoins-nous, tu n'as pas vraiment d'autre choix !

– Que dois-je faire ?

– Me suivre en silence.

Indiens caraïbes : population originelle des îles caraïbes.
Marron : esclave ou engagé qui s'est enfui d'une plantation.

Et nous cheminons en nous frayant difficilement un passage dans l'épaisse forêt, à l'affût du moindre bruit. Tout à coup, il s'arrête net.

– Regarde ! une avenue.

Je ne vois qu'un chemin tracé par quelque animal qui a renversé les arbustes et les branches sur son passage.

– Il n'est pas loin !

Et de fait, quelques minutes plus tard, guidés par le chien, nous voyons un taureau broutant paisiblement dans une clairière.

– Cache-toi derrière cet arbre. Tu viendras quand je t'appellerai.

Il se faufile dans les herbes, mais le taureau prend peur, relève la tête, l'aperçoit et commence à charger. Le boucanier l'esquive d'un bond de côté et, d'un geste assuré, lui tranche le jarret avec son **coutelas**. L'animal s'effondre. Mon compagnon peut lui couper la gorge, en évitant les coups de corne.

Coutelas : grand couteau de chasse à double tranchant.

– Viens m'aider !

Je suis impressionné par son habileté : il écorche cette bête comme on plume un pigeon…

– Pourquoi ne vous êtes-vous pas servi de votre fusil ?

– Parce que les balles abîment la peau, et des peaux trouées se vendent moins cher. Et puis le bruit peut attirer des Espagnols. Ils ont décidé de chasser les Français de l'île : des compagnies de cinquante **lanciers** patrouillent en permanence. S'ils te trouvent, malheur à toi !

J'en viens presque à regretter le temps de la plantation ! La peau pèse bien cent à cent vingt livres et il faut se frayer un chemin parmi les ronces pour arriver au campement : six heures de marche ! Et tous ces efforts pour ne faire que deux lieues...

Le campement des boucaniers est composé de petites cabanes de bois avec un toit en feuilles de palme. Une douzaine d'hommes sont affalés par terre fumant leur pipe. Ils ont lancé les paris : celui qui arrivera à détacher les oranges des arbres juste en sectionnant la queue du fruit d'une balle de pistolet remporte la mise. Leur habileté me laisse sans voix.

Les valets s'affairent : les uns hachent des feuilles de tabac, d'autres confectionnent des souliers. Mon nouvel ami, Jean, et ses compagnons me montrent comment **tanner** la peau que je viens d'amener. Nous la fixons en la tendant grâce à des piquets de bois fichés dans le sol. Puis, nous la frottons avec un mélange de sel et de cendre afin de la faire sécher plus vite. Quand la nuit tombe, Jean sort de son coffre une toile de tente qu'il me jette.

– Tu en auras bien besoin si tu veux fermer l'œil.

En me fixant droit dans les yeux, il ajoute :

Lancier : cavalier armé d'une lance.
Tanner : ici, enlever les lambeaux de chair collés à la peau.

– Mon garçon, tu ne peux pas retourner de sitôt sur l'île de la Tortue. Je pourrais faire de toi mon valet, mais tu me sembles valoir bien davantage. Pour commencer, prends ceci...

Et il me montre un fusil de **quatre pieds** de canon.

– C'est un fusil à **giboyer.** Il appartenait à l'un des nôtres, qui a disparu un jour sans laisser de traces. Aujourd'hui, ce fusil est à toi. Prends-en le plus grand soin. Observe bien comment on le charge.

Il prend un tube de bambou et enlève le bouchon de cire. Il en verse de la poudre dans le canon. Et une fois rebouché, il me le donne.

– Tu vois, c'est de la « poudre de boucanier », elle est fabriquée spécialement pour nous à Cherbourg, tout comme le fusil, d'ailleurs. Regarde comme il se charge facilement, on peut tirer trois coups dans le temps qu'il faut à un fusil militaire pour en tirer un seul.

– Je ne sais comment te remercier.

– Ne me remercie pas. Tout seul ici, on ne peut s'en sortir, on est comme condamné à s'entendre. Les liens de l'amitié sont plus forts que les liens du sang... Ah ! j'oubliais.

Il me tend un coutelas.

– Te voilà équipé, bonne nuit !

Et il tourne les talons.

Le crépuscule est féerique : les **stridulations** de

Quatre pieds : environ 1,30 m.
Giboyer : chasser le gibier.
Stridulation : bruit aigu produit par certains insectes.

toutes sortes de criquets semblent répondre au coassement de minuscules grenouilles vertes, tandis que l'obscurité s'anime des éclairs extrêmement mobiles des lucioles. Hélas ! des nuées de **maringouins** viennent piquer et sucer le sang de toutes les parties du corps qui demeurent à découvert !

Maringouin : moustique.

Le lendemain à l'aube, j'ouvre les yeux. Je croise le regard d'un serpent dressé tout près de mon visage. Je me relève d'un bond, saisi d'effroi. Je prends mon fusil, et suis le serpent qui glisse dans les herbes. Soudain, il se retourne, se redresse et me regarde. Je ne peux manquer à bout portant sa tête énorme : j'y loge toute une charge de ma carabine. La détonation résonne dans le vallon. J'ai réveillé tous mes compagnons qui pensent qu'un combat est engagé. Jean est le premier à me rejoindre.

– Quel dommage de gâcher de la poudre pour tuer un misérable ver !

Il découpe le serpent avec son couteau et nous revenons vers le campement. Tous me regardent d'un air furieux.

– N'aie crainte, me dit Jean, ils savent que tu es mon protégé. J'espère que tu n'as pas alerté une patrouille espagnole… À l'avenir, réfléchis avant de tirer.

Et il dépose le serpent sur les braises encore chaudes.

– Si tu as la patience d'attendre dix minutes, il sera rôti, et tu le trouveras excellent.

Nous n'avons pas le temps de nous attarder : un valet envoyé en reconnaissance a débusqué un troupeau d'une cinquantaine de sangliers. Toute la troupe se met en marche, précédée par une meute de chiens. On finit par encercler le troupeau : pas un seul ne réchappe des balles. Nous ne ramenons que trente bêtes, laissant les autres pourrir sur place.

Arrivés au campement, chacun s'affaire à dépecer une bête, et à séparer la viande des os. Puis on met la viande sur le **boucan**. Avec la peau, les os et les déchets, on allume un grand feu qui dégage un délectable fumet...

Boucan : gril de bois pour fumer la viande.

Après huit mois passés à partager la vie des boucaniers, à courir la forêt, je suis devenu un chasseur digne de ce nom. Je n'ai plus rien du jeune homme fluet que j'étais lors de mon arrivée. J'ai fait mon apprentissage à la campagne, dans les bois et sur les animaux. Je sais aussi repérer les navires mouillés le long des côtes et distinguer ceux qui peuvent être intéressés par nos marchandises. Avec un tel entraînement, rien ne me fait plus peur : je suis prêt assurément pour les coups de main les plus audacieux, sur les mers, dans les villes et contre les hommes. Cette vie commence pourtant à me peser. Je décide de retourner dans l'île de la Tortue. Les menaces d'un La Vie ne m'impressionnent plus guère !

En débarquant dans l'île, je me rends sans plus attendre auprès du père Marc d'Angers afin qu'il intercède en ma faveur auprès du gouverneur.

Le gouverneur me reçoit aussitôt :

– Eh bien, mon jeune ami, où diable étiez-vous donc ? Mon commis La Vie a fait grand bruit de votre disparition.

– Je n'ai pu supporter ce méchant maître, et j'ai vécu quelque temps parmi les boucaniers. Maintenant, faites de moi ce qu'il vous plaira, mais n'en doutez pas, jamais plus je ne retournerai dans l'habitation de La Vie.

– Votre détermination fait plaisir à voir, mon ami, nous avons besoin d'hommes comme vous.

Et il donne des ordres pour que je sois placé chez un chirurgien de renom. Le chirurgien en personne se charge de remettre à La Vie les trente écus qu'il avait payés pour s'attacher mes services.

Je peux enfin exercer mon métier. Bientôt, pourtant, j'ai besoin d'autre chose. J'hésite à me l'avouer, mais je m'ennuie. Il ne tient qu'à moi de devenir aussi un aventurier, comme ces pirates dont on ne cesse de me raconter les histoires, toutes plus formidables les unes que les autres. Justement, en ce printemps 1668, une nouvelle expédition se prépare…

<u>Les boucaniers</u> ne sont pas des marins, mais des chasseurs qui vivent en bande dans la forêt. Ils attendent, cachés le long des côtes, des navires hollandais, anglais ou français, pour échanger en contrebande leurs produits (essentiellement du cuir tanné et de la viande séchée) contre ceux des bateaux (vin, rhum, toile, armes, poudre, balles...).

De bons pirates
Bien entraînés et bien nourris, les boucaniers sont des recrues de choix pour les expéditions pirates. D'ailleurs, en anglais, le mot *buccaneer* désigne en même temps les boucaniers et les pirates.

Un boucanier et son chien

Les armes du boucanier
Un boucanier possède deux inséparables compagnons : un formidable **fusil**, et un **chien**. Ces fusils de fort calibre, et la poudre nécessaire, sont fabriqués spécialement en France, à Cherbourg. Ils sont bien supérieurs et trois fois plus rapides à recharger que les autres fusils.

Un boucan

Le boucan
C'est une construction de branches sur laquelle on cuit la viande de bœuf ou de porc sauvages au-dessus d'un feu de bois vert. La cuisson et la fumée permettent une excellente conservation des quartiers de viande. Quant aux peaux, arrosées de gros sel, elles sèchent au soleil.

Le mode de vie des boucaniers
Organisés librement, ils refusent toute discipline.
Ils règlent leurs désaccords dans des **duels** au fusil.

Cuisson de la viande

Duel entre boucaniers

Chasse

Les boucaniers se nourrissent de tortues marines.

« Le campement des boucaniers est composé de petites cabanes de bois. »

Les animaux du Nouveau Monde
Une faune très variée vit dans la forêt luxuriante : des animaux dangereux comme les crocodiles, les serpents, toutes sortes d'insectes venimeux... mais aussi des oiseaux, perroquets, aras, flamants que l'on peut manger.

La forêt
Pins, cèdres, acajous, tecks, chênes... sont utilisés pour construire des navires. Les fruits sont très abondants : goyaves, oranges, citrons verts, fruits de l'arbre à pain et mangues...

La chasse-partie

Le lourd vaisseau flotte aussi légèrement qu'une mouette endormie, les voiles affalées, mouillé près du rivage. Je monte à bord. Un marin m'indique la cabine du capitaine. J'hésite un instant à pénétrer dans son appartement, voyant le plancher tapissé de cartes, un étui d'instruments ouvert. Le capitaine calcule des distances en compagnie de deux hommes. Je tousse, ils se retournent, et je ne peux cacher ma surprise.

– Monsieur d'Artigny ? Messieurs de Pouancey ?

– Tu as vu juste mon garçon, mais ici nous ne sommes plus à la table du gouverneur, pas de monsieur, je suis Michel le Basque.

– Mais comment donc êtes-vous devenus des pirates, vous, des gentilshommes ?

– Des pirates, allons donc, nous sommes tous des frères, des « frères de la côte », et toi aussi, si nos conditions te conviennent. À mon bord, chacun d'entre nous est son propre roi : plus de préjugés, plus de rang, plus d'orgueil. Mais ne t'y trompe pas, le capitaine est plus respecté qu'aucun capitaine de guerre sur un navire royal ! Voici quelles sont les conditions : tu viens avec tes armes, ta poudre et tes balles. Comme chirurgien, tu auras deux cents écus pour garnir ton coffre de médicaments ; comme membre d'équipage, tu auras une part du butin égale à celle des autres, et si nous ne trouvons ni or ni marchandises, tu auras deux esclaves.

– Que faites-vous d'un bateau que vous avez capturé ?

– Il me revient de droit, ainsi que deux lots. Si tu es des nôtres, signe cette **chasse-partie**

Chasse-partie : contrat signé par tous les membres d'une expédition.

Il me présente un parchemin où sont écrites toutes les règles du partage ainsi qu'un « tarif » qui donne froid dans le dos. Je lis :

« – pour la perte d'un œil : 100 écus ou 1 esclave ;

– pour la perte des deux : 600 écus ou 6 esclaves ;

– pour la perte de la main droite ou du bras droit : 200 écus ou 2 esclaves ;

– pour la perte des deux : 600 écus ou 6 esclaves ;

– pour la perte d'un doigt ou d'une oreille : 100 écus ou 1 esclave. »

Au moins je sais à quoi m'en tenir : les combats seront sans merci, et un chirurgien a toute sa place sur un navire de flibustiers !

Le capitaine me tend une plume, de l'encre et je signe. Il me reprend le parchemin, le déchire en deux, m'en confie une partie et conserve l'autre.

– Me voici donc pirate.

– Décidément, tu y tiens ! Nous ne sommes pas des pirates, mais des **mercenaires** au service du roi de France. Le butin que nous prendrons sur l'ennemi sera notre salaire. Nous en verserons une part au gouverneur d'Ogeron. Regarde, il m'a signé une lettre de commission qui nous permet de piller les biens d'une nation ennemie.

– Tout cela est fort bien, mais si nous rencontrons un navire d'une nation avec laquelle nous ne sommes pas en guerre ?

– J'ai réponse à tout, me dit-il en souriant. Je tiens là des lettres de commission provenant de plusieurs nations différentes. Nous pouvons donc attaquer qui nous voulons !

– Mais cela ne trompe personne !

– Sans doute, mais si nous sommes pris par des soldats réguliers, c'est la pendaison qui nous attend à coup sûr. Ceci, me dit-il en prenant quelques lettres à la main, est notre seule chance d'y échapper. Elle est bien mince, je te l'accorde… Pour rester en vie, une seule solution : être les plus forts, ne laisser échapper aucune occasion, et surtout, pas de quartier, pas de sentiment !

Mes compagnons de voyage forment un curieux équipage : il y a là des **déserteurs** des Marines royales, des paysans bien décidés à faire fortune pour agrandir leur plantation, des

Mercenaire : soldat combattant en échange d'un salaire.
Déserteur : soldat qui a fui l'armée.

boucaniers qui passent le temps à tirer les oiseaux à la carabine, et puis des aventuriers de profession – des canailles, des **ruffians**, des querelleurs qui ont toujours la main sur le manche de leurs poignards. Leurs yeux lancent des regards farouches à la plus légère provocation. Tous espèrent faire fortune aux dépens des Espagnols, ou au moins s'enrichir plus rapidement qu'en cultivant du tabac ou en vivant de la chasse.

Ruffian : homme audacieux et sans scrupule.
Goudronné : enduit de goudron (pâte noire qui sert à joindre les planches d'un navire).
Raboteux : plein de bosses.

Je sympathise avec l'un d'entre eux, surnommé Vent-en-panne. Il porte une vieille jaquette verte qui lui tombe jusqu'aux genoux et des culottes toutes **goudronnées**. Son visage, aussi dur et **raboteux** qu'un roc, est comme mangé par une énorme barbe qui lui couvre le menton et la gorge. Il cache en général dans un bonnet rouge ses cheveux, collés ensemble et pétris par l'eau de mer, qui font comme des algues noires mangées d'incrustations de sel. Chaque matin, pour toute toilette, il se contente de mettre deux doigts dans l'eau et de se frotter les yeux.

Quand il a envie de nous raconter ses aventures, il prend un petit baril, le place sur ses genoux et le caresse comme un nourrisson. Il remplit d'eau-de-vie trois quarts d'une bouteille et l'avale comme du lait chaud. Nous nous installons alors autour de lui, prêts à l'écouter.

– Au début nous étions une quinzaine, bien décidés à faire fortune. Notre premier coup fut réussi : après une

semaine en embuscade, nous avons pris une **barque** espagnole remplie de vivres et de marchandises. Mais la barque était en piètre état, il a fallu aller la faire **caréner**.

Barque : bâtiment de 20 à 25 m de long et 6 à 7 m de large.
Caréner : réparer la carène, partie du bateau toujours dans l'eau.
Armer : équiper le navire pour qu'il prenne la mer.

– Mais tout cela coûte cher ; comment avez-vous trouvé l'argent pour **armer** la barque ?

Il me regarde en souriant.

– Mais les Espagnols sont partout, il n'y a qu'à se servir ! S'ils résistent, nous avons des arguments, dit-il en soupesant deux énormes pistolets tirés de sa ceinture... Nous avons mené la belle vie pendant quelques mois. Nous étions postés entre le cap Saint-Antoine, le cap Corientes et le cap Catoche. Il suffisait d'attendre les navires espagnols qui se rendent à Maracaibo ou qui en reviennent, à l'aller, chargés d'argent pour acheter du cacao, et au retour, chargés de cacao. Après avoir fait main basse sur les cargaisons, nous allions négocier auprès des Hollandais qui rachètent les cargaisons à un bon prix, sans poser de questions.

– Mais alors, tu es devenu riche ?

– Pour sûr, plus riche qu'un prince ! Mais j'ai tout perdu au jeu ! Quand j'ai appris que Michel le Basque repartait en expédition, je n'ai pas hésité longtemps !

J'apprends à connaître mes nouveaux compagnons pendant les longues semaines nécessaires pour réunir tout ce dont nous avons besoin : de la viande salée, du bois, de l'eau douce, des provisions de toutes sortes...

Ce sont de rudes gaillards, ils savent qu'ils risquent leur vie à chaque moment. Tous sont associés deux à deux, car chacun se choisit un **matelot**, comme disent les Hollandais. Vent-en-panne se charge de m'expliquer :

– Pendant que l'un se repose, l'autre veille. En cas de malheur, on se promet de se porter assistance. Et si l'un des deux meurt, l'autre hérite de tous ses biens : à l'heure du **Jugement**, on sait que l'on laissera une trace sur cette Terre maudite, loin de nos familles.

Puis, un matin, **boulinant** sous une brise de terre, nous gagnons le large pour chercher le vent de la mer. Ça y est, nous sommes enfin partis... En fait d'aventure, c'est surtout contre la chaleur que nous nous battons. On se dispute à coups de poing les coins d'ombre formés par les voiles sur le **tillac**. Pour nous rafraîchir, nous nous baignons en abaissant la **voile de tréou** pour nous y envelopper. On peut ainsi échapper aux requins tapis dans leurs cavernes sous-marines.

Un jour, j'observe immobile la mer depuis si longtemps que mes pieds sont collés au bois du pont : le soleil a fondu la **poix** qui joint les planches. Je ne peux me dégager qu'à grand-peine, gêné en plus par le roulis du bateau, sous les moqueries de mes camarades.

Matelot : en hollandais *mattenoot* signifie co-usager d'un même lit.
Jugement : moment où Dieu décide si l'on va en enfer ou au paradis.
Bouliner : naviguer contre le vent, tantôt sur un bord, tantôt sur l'autre.
Tillac : pont supérieur du navire.
Voile de tréou : voile à l'avant du navire.
Poix : matière résineuse très collante.

Les nuits sont courtes, car un marin ne dort jamais plus de quatre heures de suite. Elles sont surtout glaciales : on se réveille les membres engourdis par le froid. Heureusement, j'ai des remèdes infaillibles pour me tenir éveillé : ma pipe et de l'eau-de-vie !

Le matin, vers les dix heures, le cuisinier met la chaudière sur le feu pour faire bouillir la viande salée, du mil ou des haricots. Quand tout est prêt, il sert un plat pour six personnes. On prie Dieu au début du repas : je m'habitue aux cantiques des catholiques, bien différents des psaumes que récitait mon père avant chaque repas. Ensuite, on partage à parts égales, du capitaine au matelot.

Ma nouvelle vie commence. Moi qui recherchais l'aventure et l'imprévu, je sens que je vais être servi !

<u>LES EXPÉDITIONS PIRATES</u> sont menées par de formidables aventuriers. Ils dirigent des dizaines d'hommes unis par des serments de fidélité qui en font des « frères de la côte ». Tous rêvent de faire fortune... et sont prêts à employer tous les moyens pour y parvenir.

Grammont
Gentilhomme français, il prend plusieurs villes espagnoles puis est nommé lieutenant du roi à Saint-Domingue en 1686.

Henry Morgan (1635-1688)

Le chevalier de Grammont (1650-1691)

Henry Morgan
Arrivé en Jamaïque, à Port Royal, à 20 ans, il organise des attaques victorieuses contre les colonies espagnoles. C'est aussi un homme d'affaires avisé et il achète avec l'argent de ses prises plantations et esclaves. En 1674, il est nommé vice-gouverneur de la Jamaïque, chargé de faire la chasse à ses anciens complices.

Mary Read

Mary Read
Anglaise, elle s'enrôle comme soldat sous les apparences d'un homme. Devenue une des rares femmes pirates, elle est arrêtée en 1720.

“Ce sont de rudes gaillards : ils savent qu’ils risquent leur vie à chaque moment…”

L’Olonnais
Originaire des Sables-d’Olonne, d’où son nom, il arrive aux Antilles comme engagé. Devenu flibustier, il organise avec Michel le Basque une expédition victorieuse contre Maracaïbo en 1666. Il se rend célèbre par ses cruautés envers les Espagnols. Il meurt, sans doute dévoré par des Indiens anthropophages, sur une île où il a fait naufrage.

L’Olonnais (1630-1671)

Pièces françaises et espagnoles

Le coffre de marine
Vissé dans la cabine du capitaine, il sert de coffre-fort pour conserver des papiers, des objets précieux, de l’argent.

Les coffres sont munis d’un système complexe de fermeture.

Les drapeaux
Ceux des pirates sont destinés à terrifier les marins des navires attaqués. Le plus célèbre est le *Jolly Roger*, de couleur noire portant un crâne blanc et des os croisés. La couleur rouge signifie que l’on tuera tous les prisonniers.

Un terrible capitaine

Déjà trois semaines que nous naviguons, à la recherche d'un navire à piller. Trois longues semaines à attendre dans des criques isolées, à l'affût de la moindre information... Nous restons quelque temps à proximité d'un rocher entouré de prairies sous-marines, où viennent paître les meilleures tortues de la région. Dès la nuit venue, nous allons pêcher un excellent souper avec des harpons.

Un jour, pourtant, un événement tragique nous tire de notre **torpeur**. Soutenu par une **drisse** à l'avant du bateau, un **calfat** est occupé à clouer une plaque de cuivre qui menace de tomber. Tout à coup, un bruit effroyable : un requin vient de saisir la jambe du malheureux. Une grosse corde attachée sous les aisselles, il se cramponne de toutes ses forces pour ne pas être entraîné.

– Sortez les harpons et les piques d'abordage, mettez le canot à la mer !

Torpeur : demi-sommeil, engourdissement.
Drisse : cordage.
Calfat : ouvrier chargé de surveiller l'étanchéité de la coque.

On parvient à hisser le malheureux, qui a perdu connaissance. Le requin lui a dévoré la jambe, laissant l'os à découvert. Malgré tous mes efforts, le marin meurt dans la nuit. C'est bien là le seul événement digne d'être relaté.

Heureusement, Vent-en-panne est un fameux compagnon de voyage. Je me charge en général de le lancer sur ses aventures.

– J'ai entendu parler de François l'Olonnais, tu le connais ?

Il éclate d'un rire sonore.

– Qui ne connaît pas l'Olonnais ! Il est arrivé comme engagé, tout comme toi, puis à force d'audace il a été élu capitaine par ses compagnons de fortune. C'est le plus fameux des flibustiers de la Tortue.

– Il a connu d'Ogeron alors ?

– Bien sûr, ils ont même monté ensemble une descente contre les **comptoirs** espagnols du lac de Maracaibo, au Venezuela, il y a trois ans. Toi-même, tu aurais pu le rencontrer sans le savoir. Mais crois-moi, si tu avais croisé son regard, tu en aurais encore des frissons.

Comptoir : port de commerce dans un pays lointain.

– Raconte-moi cette fameuse expédition.

– Tu aurais dû voir cela : nous étions environ quatre cents sous ses ordres. L'Olonnais commandait alors une frégate de dix canons qu'il avait prise aux Espagnols de

Cuba. Et puis, il y avait aussi notre chef, Michel le Basque, et puis Vauquelin, Dupuis, Pierre le Picard... Nous sommes finalement partis au printemps 1666. Deux Français qui avaient vécu dans le coin, au milieu des Espagnols, nous servirent de guides. Rien ne pouvait nous résister ! Chemin faisant, nous avons pris un vaisseau espagnol de seize canons, puis encore un autre rempli à ras bord. Deux fois de suite, nous avons employé la même ruse : nous avons caché tout ce qui pouvait nous rendre suspects – armes et munitions –, pour avoir l'air d'un innocent navire de commerce. Puis nous avons simulé une **avarie** et demandé de l'aide. Les Espagnols qui pensaient nous sauver ont été bien trompés ! Sans leur laisser le temps de reprendre leurs esprits, nous nous sommes précipités à leur bord et avons rassemblé les équipages dans des chaloupes, et bon vent ! À nous la fortune ! Le premier navire transportait du cacao, et le second, des munitions. On les a aussitôt baptisés la *Cacaoyère* et la *Poudrière*.

Avarie : dommage survenu à un navire.

– Qu'avez-vous fait de ces cargaisons ?

– Elles ont été déchargées à la Tortue, aux bons soins d'Ogeron. Le 1er août, nous étions devant la ville de Zamora. Dès qu'ils nous ont aperçus, les Espagnols ont donné l'alarme. Nous avons pris le fort, mais la ville était presque déserte. Nous avons su qu'ils s'étaient réfugiés de l'autre côté du lac, à Gibraltar. Cette fois, la bataille fut

bien plus rude, nous avons laissé morts plus de cinq cents Espagnols, dont le gouverneur Sandoval. Mais les bougres se cachaient toujours, ils étaient **terrés** dans la forêt et montaient des **embuscades** contre nous. Il a fallu employer les grands moyens…

Terré : caché.
Embuscade : attaque par surprise.
Badigeonner : s'enduire le corps.

– C'est-à-dire ?

– Eh bien, vois-tu, l'Olonnais avait comme un compte personnel à régler avec les Espagnols. Quelques années auparavant, avec ses compagnons réfugiés à terre à la suite d'un naufrage sur la côte de Campêche, ils ont été découverts par des soldats espagnols. Ceux-ci les ont massacrés. L'Olonnais n'a eu la vie sauve qu'en se **badigeon-**

nant de sang et en simulant la mort. Il a survécu par miracle, et depuis...

– Depuis ?

– Eh bien, pour lui les Espagnols étaient moins que des chiens. Un jour, pour faire parler deux prisonniers, il en a attaché un à un arbre, lui a ouvert la poitrine et extrait le cœur encore fumant... Crois-moi, l'autre n'a pas tardé à vider son sac, il nous a dit où étaient cachés ses petits camarades.

– Avec de telles méthodes, vous avez dû vous remplir les poches !

– Pour sûr, tu aurais dû voir ça : plus d'un mois à piller

les maisons, les églises… il y avait des cadavres partout. C'est d'ailleurs ce qui nous a fait partir, on a craint l'épidémie… Tout cela sans compter la rançon versée par les Espagnols.

– Combien ?

– Vois-tu, au retour, nous nous sommes arrêtés dans une île où nous avons procédé au partage : 260 000 **pièces de huit**, plus l'équivalent de 100 000 en produit du pillage, des esclaves. Nous n'avons pas regretté le voyage !

– Mais qu'est devenu l'Olonnais, pourquoi n'est-il pas avec nous ?

Michel le Basque, qui écoutait sans mot dire, prend alors la parole :

– Il a été trop gourmand, il est devenu comme fou, fou d'or, fou de rage contre les Espagnols, ne voulant jamais s'avouer vaincu. L'année dernière, nous l'avons suivi dans une nouvelle expédition. L'objectif cette fois était le lac Nicaragua. Un Hollandais, Merten, y avait accompagné Morgan deux ans avant, il nous guidait. Hélas, les vents nous ont fait **dériver** sur la côte du Honduras. Rien d'intéressant à se mettre sous la dent : des villages de pêcheurs, quelques huttes d'Indiens… Belles prises en vérité : des barques, du maïs, des poulets… Et puis le naufrage… Rien ne lui fit entendre raison, l'Olonnais était enragé. Il a eu

Pièce de huit : pièce d'argent espagnole de grande valeur.
Dériver : se laisser aller au gré des vents et des courants sans pouvoir se diriger.

le malheur d'être pris par les Indiens bravos qui l'ont haché par quartier, l'ont fait rôtir et l'ont mangé.

– Ça pour sûr, il n'était pas tendre avec les prisonniers, mais la vérité, c'est qu'il a été abandonné par ses amis, dit un matelot entre ses dents.

Le capitaine s'énerve :

– Oui nous avons rebroussé chemin, mais c'est la règle. Dites-moi, qu'arrive-t-il à un capitaine qui n'a plus la confiance de son équipage ?

Vent-en-panne se charge de la réponse :

– On le laisse dans une île déserte, avec ses pistolets et son sabre. Et sept ou huit mois après, on va voir s'il est encore en vie, mais seulement si on a besoin de lui.

Michel le Basque reprend la parole :

– Lorsque le butin n'est pas au rendez-vous, lorsque nous perdons nos frères par dizaines dans des expéditions mal conduites, il faut savoir s'arrêter, sauver ce qui peut l'être. Combien en sont revenus, dites-moi ?

– Vous dites vrai, capitaine, à peine le tiers des hommes ont pu revenir sains et saufs...

Je comprends mieux pourquoi l'Olonnais n'est pas avec nous cette fois. J'espère que nous aurons plus de chance...

LES DEUX ARMES principales des pirates sont la ruse et le courage. La ruse parce qu'ils doivent s'approcher des navires sans éveiller la méfiance, le courage parce qu'ils n'ont rien d'autre à perdre que leur vie.

L'abordage
Après avoir éperonné leur victime, les pirates se ruent à l'abordage. Le capitaine des pirates fait parfois couler son navire pour signifier à ses hommes qu'ils ne peuvent plus reculer : il faut vaincre ou mourir.

Les canons
Indispensables au combat naval pour détruire le navire ennemi, ils sont lourds et chers. L'abordage par la ruse permet de prendre pied sur un navire avant qu'il n'ait pu se servir de ses canons.

Les combattants
Le groupe désigné pour passer à l'abordage est composé des marins les plus audacieux et les plus respectés. Il n'est pas rare de voir un capitaine pirate abandonné sur une île par ses compagnons parce qu'il n'a pas été assez courageux au combat.

Prise d'un galion espagnol au XVIIe siècle

Canon

Un abordage au début du XIXe siècle

L'attaque
On peut imaginer la fureur, la fumée et la violence de la mêlée. Les pirates entraînés à la chasse et au combat sont souvent les plus forts car ils luttent contre des marins des flottes de commerce misérables, mal traités, et mal nourris.

“ Chemin faisant, nous avons pris un vaisseau espagnol, puis encore un autre rempli à ras bord. ”

1

2

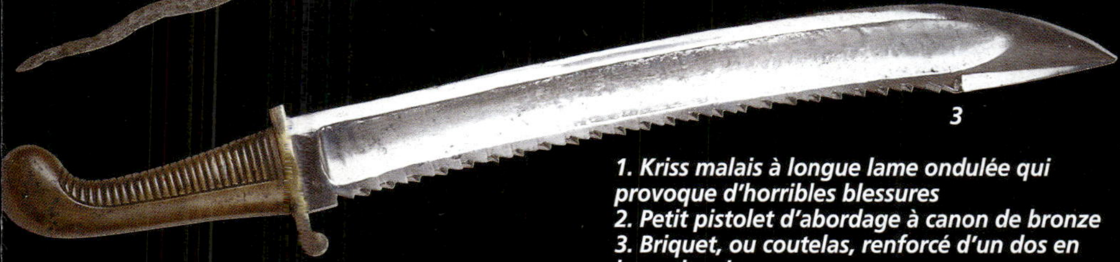

3

1. Kriss malais à longue lame ondulée qui provoque d'horribles blessures
2. Petit pistolet d'abordage à canon de bronze
3. Briquet, ou coutelas, renforcé d'un dos en lame de scie

Instruments du chirurgien

Le chirurgien
C'est un personnage indispensable sur les bateaux pirates pour soigner les blessés, extraire les balles… Il n'a que peu de médicaments efficaces. Souvent sa seule action consiste à couper les membres atteints pour éviter que l'infection ne gagne le reste du corps.

À l'abordage !

– Une voile sous le vent d'avant ! crie soudain la vigie.

Il est six heures du matin. Le capitaine observe l'horizon avec sa lunette.

– C'est un Espagnol !... Il ne nous a pas encore vus, il suit sa route vers le nord.

Nous courons sur lui avec toutes nos voiles déployées, en les mouillant pour qu'elles retiennent mieux la brise. Nous allégeons le **lest** en jetant des tonneaux à la mer.

La joie se peint sur tous les fronts à l'approche du butin. On plie les hamacs et on dégage le tillac. On répand sur le pont du sable pour éponger le sang qui ne manquera pas de couler. Dans la cale, hors d'atteinte des boulets, j'étale mes instruments, je dresse une table d'opération sommaire et des lits pour les blessés. C'est mon baptême du feu !

Nous suivons d'un œil attentif tous les mouvements de notre prochaine proie. Vers six heures du soir, nous arrivons à la hauteur de la **goélette**. Nous nous tenons sur le pont, l'air

Lest : poids très lourds qui servent à équilibrer le navire mais le ralentissent.
Goélette : navire de commerce rapide.

pacifique, en fumant nos pipes comme d'honnêtes marins de commerce. On peut déjà apercevoir les marins espagnols. Soudain, alors que nous sommes à portée de canon, nous hissons le pavillon français. C'est un signe de guerre. Le capitaine fait tirer les canons qui étaient jusque-là cachés sous des bâches.

La réaction des Espagnols nous surprend. Ils se sont méfiés, notre ruse a été **éventée** : une volée de quatre canons, de vingt à trente **mousquets** chargés de morceaux de fer, de verre et de clous nous blesse trois hommes.

– Sotte imprudence, s'écrie le Basque, ils vont la payer !

Nous ripostons par un feu si lourd que nous détruisons la mâture et le gouvernail. Nous nous approchons, couchés à plat ventre sur le pont. Le capitaine crie :

– À l'abordage !

Nous jetons des grappins de fer. Quand les deux bateaux sont solidement **amarrés**, nous sautons à bord en poussant des cris. Les Espagnols s'enfuient devant nous, se cachent derrière les canons. Louis, notre cuisinier, semble le plus acharné. Une hache à la main, il grimpe le long des **agrès**. À peine sur le pont, une tête roule à ses pieds. La rage l'aveugle au point qu'il ne voit pas si on lui oppose ou non une résistance. Furieux, il s'empare d'un mousquet. Il va faire feu sur un fuyard, quand un des nôtres le prend par le bras.

Éventé : découvert.
Mousquet : fusil à mèche.
Amarré : fixé par des cordages.
Agrès : ensemble des voiles et des cordages.

– N'entends-tu donc pas ? Tu dois obéir aux ordres ! Le capitaine espagnol vient de se rendre.

Celui-ci nous **toise** avec mépris, mais ses hommes implorent notre pitié.

La goélette n'a plus que deux tiers de pont, les voiles pendent de tous côtés, déchirées, cassées, emmêlées… Michel le Basque est étendu à terre, inanimé, dans une mare de sang : le prix de la victoire est élevé. Tout à coup, un cri terrible retentit :

– Le feu ! le feu ! dans le magasin aux poudres !

Le désespoir se peint sur le front ridé et noirci des marins. Une colonne de fumée dense et noire traverse la voûte du ciel.

Je suis le premier à réagir : je m'élance par la grande **écoutille**, je saisis une corde et descends au milieu de la fumée dans la **soute** aux poudres. La fumée m'aveugle, j'arrive pourtant à distinguer le foyer de l'incendie : le feu a pris des paquets de mèches déjà prêtes pour le service des canons, mais les barils de poudre ne sont pas encore atteints. Je hurle :

– Apportez des seaux d'eau !

Sans attendre, je me précipite sur les mèches enflammées dans l'espoir de nous sauver tous. J'arrive à maîtriser le feu, et je laisse la place pour que l'on inonde la soute. De retour à la lumière, j'entends crier :

– Vous êtes en feu !

Toiser : regarder avec dédain.
Écoutille : ouverture sur le pont qui donne accès aux cales.
Soute : compartiment fermé de la cale.

Mes cheveux et ma chemise brûlent en effet, et je perds connaissance. L'eau fraîche me réveille. Je me relève, les traits noircis par la poudre, les cheveux et les sourcils brûlés, les mains et le visage déchirés. Je suis tel un démon sorti des Enfers. Mes compagnons me félicitent.

Mais la journée n'est pas finie. Le capitaine n'est que blessé : un coup de sabre lui a sectionné les nerfs de la nuque. Il a perdu beaucoup de sang. Il me faut recoudre cette vilaine plaie. J'avise sur le tillac le cadavre d'un **lamantin** que nos hôtes involontaires viennent à peine de dépecer. Les boyaux de l'animal me semblent assez solides. Je n'hésite pas longtemps, je hèle le cuisinier :

Lamantin : gros mammifère aquatique (3 m de long, 500 kg).

– Apporte-moi un morceau de boyau !

Et je recouds ainsi les nerfs sectionnés.

Aujourd'hui, je crois que j'ai gagné haut la main ma place parmi les frères de la côte.

Reste le butin. Hélas ! le bateau faisait voile vers l'Espagne et ne renferme que du tabac et du cacao, et quelques caisses hermétiquement closes. On les ouvre à grand-peine... Surprise ! elles ne contiennent que des lingots de plomb ! Le découragement nous prend. Tous ces efforts pour du métal juste bon à lester les navires...

Mais le chevalier de Pouancey me rappelle :

– Venez voir !

Il dégaine son coutelas et gratte la croûte de plomb : on voit bientôt briller une couche d'argent massif. Nous sommes riches !

Mes premières expéditions m'ont donné le goût de la flibuste. C'est tout naturellement que je réponds à l'appel de Morgan, le chef incontesté des pirates anglais de la Jamaïque. Le rendez-vous est fixé au sud de Saint-Domingue, à Port-Gongon.

LES PIRATES risquent leur vie à chaque instant. S'ils sont pris par les soldats des marines royales, la mort les attend. De plus, comme tous les marins, ils sont livrés aux caprices de la mer et des vents. Ouragans, naufrages, épidémies, famine les menacent.

Le supplice de la planche
Les pirates indisciplinés subissent le supplice de la planche : marcher les yeux bandés sur une planche suspendue au-dessus de l'eau où l'on finit par tomber.

Requin mako

En fait, rares sont les espèces de requins qui s'attaquent délibérément à l'homme.

Jambes de bois

Les blessures
Le courage au combat est le signe de la plus grande valeur. Les traces de blessures auxquelles on a survécu sont autant de décorations. La perte d'un œil, d'un bras ou d'une jambe… force l'admiration des autres pirates.

“ Le capitaine est blessé : un coup de sabre lui a sectionné les nerfs de la nuque. ”

La pendaison
Lorsqu'un pirate est condamné et pendu, son corps est accroché dans une cage de fer à l'entrée du port pour inciter ses camarades à cesser leurs opérations criminelles.

Cédrat, fruit de la famille du citron

Le scorbut
C'est une maladie provoquée par le manque de vitamine C dans l'alimentation dont souffrent particulièrement les marins.
Ses signes les plus visibles sont d'horribles maux de ventre et les dents qui se déchaussent.
Seul remède, la consommation de légumes et de fruits frais, notamment le citron.

Le calme plat
Plus encore que la tempête, c'est le calme que redoutent les marins. Sous un soleil de plomb, le navire n'avance plus, les réserves de nourriture et d'eau potable diminuent, et l'on risque de mourir de faim et de soif. Il n'y a rien d'autre à faire qu'à attendre que le vent se lève.

À l'assaut de Panamá

À Port-Gongon, en cette fin de l'année 1669, nous sommes près de mille six cents hommes, et vingt-quatre navires, à avoir répondu à l'appel de Morgan. Dans les tavernes, les discussions vont bon train.

– On dit que Morgan veut aller piller Panamá ?

– Panamá, la « coupe d'or » ?

– Mais c'est la porte de l'**Eldorado** !

– C'est la ville la plus riche de l'Amérique espagnole ! Vingt mille habitants, six à sept mille maisons, une splendeur incomparable…

– Deux mille mulets sont entretenus chaque année pour apporter l'or et l'argent des mines du Pérou.

Morgan fait le tour des tavernes. Il a fière allure : il porte une jaquette et une culotte de riche **damas**, un chapeau orné d'une plume rouge, une chaîne d'or autour du cou, et deux pistolets, dont il ne se sépare jamais, sont serrés dans un **baudrier** de soie multicolore.

– C'est sûr, les Espagnols ne craignent pas une

Eldorado : pays imaginaire de l'or.
Damas : tissu de soie.
Baudrier : bande d'étoffe qui se porte en écharpe.

attaque : la ville n'est pas très bien défendue. Mais, pour y arriver, il faut traverser quinze lieues de jungle, de marécages et de forêts !

– Le jeu en vaut bien la chandelle !

Il nous faut aller jusqu'à l'embouchure du fleuve Chagre et le remonter. Au **confluent** des eaux de la rivière et de celles de la mer, un banc de **limon** s'est formé ; on y trouve des troncs déracinés par les ouragans, et des débris de **pirogues** naufragées. Nous devons mettre pied à terre.

Confluent : point de rencontre.
Limon : boue d'argile et de sable.
Pirogue : embarcation creusée dans un tronc d'arbre.

Nous commençons notre marche le 18 janvier.

Une partie de notre groupe remonte le fleuve dans des canots, l'autre progresse le long de la berge. Notre marche est très difficile, nous butons sans cesse sur les obstacles, et nous manquons souvent de nous enliser dans les marais. Je conduis une partie de la troupe, en sondant le fond du lit de la rivière à l'aide d'un bâton.

– Assurez vos cartouches dans vos bonnets !

L'eau n'est pas haute, mais le limon mou et glissant nous retarde. Je trouve enfin un **gué** praticable.

Gué : endroit d'une rivière que l'on peut franchir à pied.

Nous dormons dans une hutte de pêcheurs. Avant le point du jour, nous repartons. Nous traversons plusieurs ruisseaux qui prennent leur source dans la

montagne. Les collines sont couvertes de bois magnifiques, on respire partout le parfum des fleurs et des épices. Mais la faim nous fait abominablement souffrir : les espions espagnols nous traquent et détruisent toute nourriture pour gêner notre avance.

Un jour, au détour du chemin, je tombe nez à nez avec un Indien. C'est la première fois que j'en vois un de si près. J'ai le temps de le détailler. Sa peau est frottée de **rocou**, ce qui lui donne une teinte rouge. Un pagne de toile colorée descend de sa ceinture jusqu'au genou. Ses cheveux sont partagés d'une oreille à l'autre : ceux de devant lui tombent jusqu'au milieu du front, ceux de derrière forment une espèce de chignon. Il porte un collier de cristal et un croissant de **caracoli**, qui lui couvre la moitié de la poitrine. Sa tête est couronnée d'un cercle en **acajou** dans lequel est fichée une plume rouge. Mais il rebrousse chemin.

Rocou : colorant que l'on extrait de la graine d'un arbuste, le rocouyer.
Caracoli : alliage d'or, d'argent et de cuivre.
Acajou : bois dur, de teinte brune.

Déjà huit jours de marche. Nous arrivons à Cruz, l'endroit où la rivière n'est plus navigable. Les Espagnols ont tout brûlé, nous ne trouvons rien à manger. Ceux qui s'aventurent dans la forêt pour trouver de la nourriture ne reviennent pas, tués sans doute par les Indiens.

Morgan nous rassemble et nous met en ordre de marche. À l'aube du neuvième jour, nous apercevons enfin la ville de Panamá. Les Espagnols nous attendent.

Le lendemain matin, Morgan dirige les opérations. Face aux **fantassins** et à la cavalerie de l'armée espagnole en ordre de bataille, il ordonne d'éviter le chemin, et de le contourner par la forêt. Les Espagnols ne sont pas pris de court : ils lancent sur les nôtres des dizaines de taureaux, et leur cavalerie. Mais les taureaux et les chevaux s'embourbent bientôt dans les marécages. Nos flibustiers, en adroits tireurs, font un carnage. Après deux heures de fusillade, nous sommes maîtres du terrain. Les Espagnols survivants s'enfuient. Panamá est à nous !

Fantassin : soldat à pied.

Morgan ne perd pas pour autant la tête :

– Ne buvez pas de vin, il est empoisonné, crie-t-il.

– Comment le savez-vous ?

Il se retourne vers moi d'un air rusé.

– Je veux que mes hommes aient toute leur tête pour ramasser le butin !

Il ordonne ensuite de brûler la ville : les maisons de bois flambent comme de l'herbe sèche.

Pendant plus d'un mois, nous fouillons les débris calcinés des bâtiments et les alentours où les habitants se sont réfugiés. Tout nous intéresse : l'or, l'argent, les bijoux, les étoffes, les esclaves.

L'heure du retour sonne. Nous sommes suivis par une interminable file de mulets qui portent notre butin et par une colonne d'otages capturés pour leur extorquer une rançon.

Arrivés à Cruz, nous retrouvons le Chagre, qui nous mènera jusqu'à la mer Caraïbe. Nous chargeons les canots amarrés au rivage. J'observe l'un des flibustiers : sa blouse rouge liée au poignet regorge d'or et d'objets précieux volés dans une des maisons brûlées. Il ressemble à un sac de laine. Soudain, entraîné par le poids de son butin, il perd pied et coule à pic. Personne n'a le temps d'intervenir...

Nous faisons le chemin, le cœur léger, la tête pleine de promesses de richesse. Nous voici enfin parvenus à l'embouchure : nous retrouvons nos compagnons.

Vient le moment du partage. Morgan nous réunit.

– Mes amis, je sais que nous nous sommes juré fidélité ; pourtant, afin que tout soit juste, chacun doit se laisser fouiller. Commence par moi, lieutenant !

Il se laisse fouiller et tend même son fusil pour que l'on vérifie qu'aucune pierre précieuse n'est cachée dans le canon. Des voix s'élèvent :

– Que faites-vous là, capitaine ? C'est contraire à tous les usages des frères de la côte !

Mais tous finissent par se laisser fouiller, et les **tractations** commencent.

Tractation : négociation pour le partage du butin.

Morgan me rejoint auprès de l'un de ses fidèles

que je suis en train de soigner. Il lui dit en anglais, croyant que je ne comprends pas cette langue :

– Courage, remets-toi, tu m'as aidé à vaincre, il faut maintenant que tu m'aides à profiter de ma victoire...

Je ne dis rien, mais je le suis à distance. Son manège m'intrigue : il se dirige vers un canot amarré sur la plage, en se retournant fréquemment pour vérifier s'il n'est pas observé. Arrivé au canot, il dissimule quelque chose au fond. En se relevant, il m'aperçoit.

– Que faites-vous là ? Cela fait-il longtemps que vous m'espionnez ? lance-t-il d'un air menaçant.

– Capitaine, je ne vous espionne pas... je suis venu chercher des herbes pour confectionner des médicaments.

Il me regarde longuement et se radoucit. Nous retournons auprès de nos compagnons. Ils semblent mécontents du partage : des cris s'élèvent.

– Morgan, tu nous a roulés ! Où sont passées les pierres précieuses ?

Morgan sait pourtant les apaiser.

– Que me chantez-vous là ? Ne me suis-je pas fait fouiller, tout comme vous ? Allons, buvons, mes compagnons et oublions ces fausses disputes.

La nuit vient calmer les plus décidés à s'attaquer à Morgan.

Nous sommes réveillés à l'aube par un grand tumulte.

Pendant la nuit, Morgan, notre capitaine, s'est enfui avec quatre autres vaisseaux.

Depuis cet épisode, Morgan est devenu, dans toutes les Caraïbes, pour les uns le plus rusé chef de guerre, et pour les autres le traître le plus haïssable.

On nous a volé notre victoire… et pour ne rien arranger, notre retour est catastrophique.

<u>Contrairement aux légendes</u>, la plupart des exploits des pirates ne sont pas des abordages de navires de commerce, mais la prise de villes fortifiées par les Espagnols.

Les Indiens
Bien que décimées par l'arrivée des Espagnols en Amérique, par les guerres, les mauvais traitements et surtout les maladies, il reste pourtant dans les Caraïbes quelques tribus d'Indiens.

L'aide des Indiens
Il est utile de les employer comme éclaireurs dans les expéditions car ils connaissent très bien le terrain, notamment la forêt.

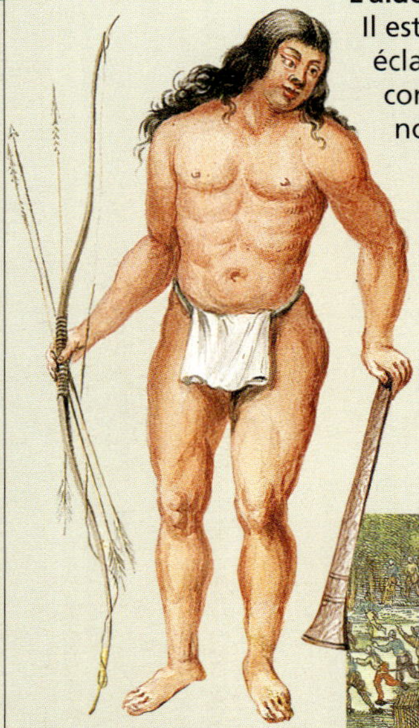

Indien Caraïbe

« Morgan ordonne de brûler la ville : les maisons de bois flambent comme de l'herbe sèche. »

Bataille des Espagnols contre des pirates français à Cuba

Les richesses des villes
Il faut également de la ruse et du courage pour s'infiltrer dans la forêt dense et les marécages, affronter les soldats espagnols retranchés derrière de formidables murailles. Mais le jeu en vaut la peine : c'est dans les villes que se trouvent concentrées toutes les richesses de l'Amérique.

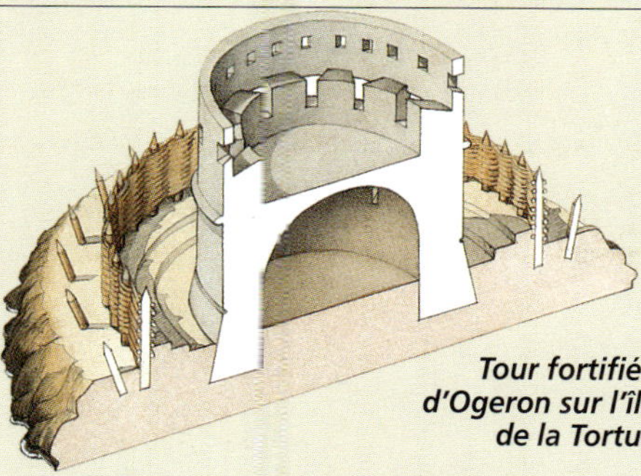

Tour fortifiée d'Ogeron sur l'île de la Tortue

L'attaque
Les villes sont tellement bien fortifiées que seules des flottes régulières puissamment armées peuvent se risquer à les attaquer par la mer. Il faut donc débarquer en secret à quelques kilomètres, progresser sans se faire repérer, et profiter de l'effet de surprise.

Le pillage
Une fois les défenses contournées, les villes sont livrées au pillage et souvent incendiées pour terroriser les habitants. Les pirates en ramènent toutes les richesses, mais aussi des prisonniers : une partie du butin est constituée des rançons que les familles paient pour les récupérer.

Remparts et canons de Carthagène (Colombie)

Attaque de Carthagène par des pirates

À la taverne

L'ouragan se lève : une nuit de nuages bas et noirs commence à couvrir l'horizon, le soleil disparaît dans l'obscurité, la mer est comme une immense nappe d'écume. La première rafale manque de m'emporter, je dois me cramponner fermement. Dix heures durant, qui me paraissent une éternité, notre bateau dérive, les voiles affalées, manquant de se rompre à tout instant. Puis, le calme revient, mais la chaleur étouffante et moite répand la fièvre et la **dysenterie** parmi l'équipage.

Dysenterie : infection intestinale très contagieuse.

À chaque heure qui passe, Louis le cuisinier appelle le mousse.

– Garçon, la cloche a sonné ! Ne sais-tu pas que la peste est à bord ? Il faut boire et boire encore. Apporte-moi la bouteille !

Le mousse se permet de répondre que l'heure n'a pas sonné. Louis vocifère :

– C'est qu'on aura oublié de la faire sonner ! Bouge tes jambes, phoque endormi, donne-moi ma bouteille. Ah, petit scorpion ! qu'as-tu fait ? Tu as mis du poison dans ma bouteille, c'est un breuvage d'enfer qui tournerait l'estomac d'un cheval. Apporte-moi une autre bouteille, menteur, voleur !

Mais Louis ne peut déjà plus rien apprécier. Il crache, fait la grimace. Ses lèvres sont blanches et couvertes d'écume. J'approche une glace de sa bouche : aucun souffle ne vient la ternir. Je me recule. Je donne l'ordre de le coudre dans un hamac et d'y attacher deux boulets.

– Jetez immédiatement ce cadavre à la mer, sinon vous irez tous demain servir de banquet aux requins !

Toute la capacité de notre navire est remplie du butin : il reste très peu de place pour y entreposer des **barils** d'eau douce. Notre **cupidité** est punie par la plus cruelle torture que l'homme peut éprouver : la soif. Ceux qui survivent à la maladie ont les paupières gonflées, laissant entrevoir des yeux hagards, les joues creusées, les lèvres enflées. Les jambes n'ont plus la force de soutenir les corps. Spectacle épouvantable de cadavres décharnés... Lorsque l'un de nous semble prêt de succomber, on lui applique doucement quelques gouttes sur les lèvres, en lui frottant la poitrine et les tempes avec du vinaigre. La vigie crie « Terre ! ». C'est une petite île. Envoyé en reconnaissance, l'un d'entre nous découvre une source d'eau claire : nous sommes sauvés !

On envoie le maître charpentier avec une **escouade** de

Baril : tonneau de bois.
Cupidité : désir immodéré de richesses.
Escouade : petit groupe.

marins pour choisir et couper le meilleur bois. Pendant ce temps-là, nous relevons les agrès et nous détruisons les rats et les insectes, les mille-pattes, scorpions et autres cloportes installés à notre bord. Cette île nous a sauvés.

Quatre mois après notre départ, nous revoyons enfin l'île de la Tortue.

Notre arrivée est comme un carnaval somptueux et tragique : crasseux, hirsutes, borgnes, boiteux ou **estropiés**, le visage amaigri… nous sommes vêtus comme des princes, le cou orné de pierres précieuses. Nous

Estropié : privé de l'usage d'un membre.

ployons sous de gros sacs d'argent portés sur la tête ou sur l'épaule, tenant tout ce qu'un homme peut transporter. Chacun nous observe et se demande déjà comment faire pour profiter de notre butin : les marchands nous hèlent sur le pas de leurs portes, des filles fardées et vêtues comme des marquises nous sourient, les joueurs repèrent déjà leurs proies ; seuls les taverniers ne font rien, ils savent que nous allons directement chez eux pour étancher notre soif !

Bonde : bouchon de bois.

Tout un groupe de flibustiers est rangé en cercle autour d'une citadelle de tonneaux. À un signal donné, l'un d'entre eux enlève la **bonde** d'un tonneau, et

un jet de liqueur se déverse dans les coupes tendues de tous côtés. Les plus proches, à défaut de coupes, tendent leurs lèvres. Quand l'un d'entre eux tombe, ivre, un autre prend sa place. Des bouteilles volent en éclats sur les tables, des chants s'élèvent, on marche sur les débris de plats, de cruches, de pots, de verres et de bouteilles... Magnifiquement vêtus, nous allons voir les dames, et ensuite le jeu nous prend.

– Entends-tu résonner les dés sur les tables ?

– Vois-tu, le tintement de ces dés est magique, il donne la fièvre. Allons-y !

Nous sommes des aventuriers, riches aujourd'hui, mais pauvres demain. Nous ne savons pas le matin si nous serons encore en vie le soir : à quoi servent des **piastres** dans la poche d'un mort ?

Tous les regards se fixent sur deux joueurs.

– Quelle mise ?

– Comme tu voudras.

– Cinq cents écus !

– Va pour cinq cents écus.

La main de Van Horn tremble en secouant le **cornet** : il jette les dés et n'ose regarder.

– Dix, crie la foule.

La fortune lui sourit : Alexandre-bras-de-fer n'amène que huit.

– Le reste de mon lot, propose le vaincu.

– D'accord, contre tout le mien.

Et de nouveau les dés se choquent dans le cornet.

– Dix, crie la foule.

Cette fois, Alexandre amène onze. Van Horn tente de rester impassible et dit d'une voix sourde :

– Soit, tu as gagné ma part, grand bien te fasse !

Mais il se met à retirer la poudre qu'il tient au côté et l'éparpille par terre. Un grand silence se fait : c'est là la plus cruelle injure qu'un aventurier puisse lancer à son compagnon… il renonce à son **matelotage**.

Piastre : pièce de monnaie.
Cornet : gobelet à dés.
Matelotage : ici, association entre deux flibustiers.

Entre eux, les frères de la côte règlent leurs différends à coups de fusil. Tous deux quittent la taverne et s'enfoncent dans la nuit. Je dois les suivre, comme chirurgien. Nous trouvons une petite clairière convenant à leur combat. Ils se placent l'un face à l'autre à quarante pas de distance. Selon la règle, l'offensé doit tirer le premier.

– Tire sans faiblir, tu sais que moi, je ne te raterai pas !

Au même instant le coup part et vient fracasser le poignet droit de Van Horn. Il s'affaisse lourdement sur le sol. Je me penche sur lui : il perdra sa main, mais survivra…

<u>LA VIE DES PIRATES,</u> faite de peurs et de dangers, est entrecoupée par des moments de fête. Tout est bon pour se distraire : la musique, le jeu… et tous les excès sont permis : le tabac, l'alcool… C'est dans les ports que les marins se livrent à ces plaisirs.

Brûle-gueule en bois

Les brûle-gueule remplacent les longues pipes en terre cuite, trop fragiles.

Jeu de cartes en cuir

Boire
Dans les tavernes, l'alcool coule à flots. Bientôt est mise au point la recette du rhum, par distillation du jus de la canne à sucre.

Jouer
Le **jeu de cartes** est sans doute l'une des distractions les plus anciennes. En jouant de l'argent, on peut perdre une fortune en une nuit.

Dépenser
Excessifs en tout, les pirates au retour d'une expédition victorieuse dépensent en peu de temps les fortunes dérobées. Rares sont ceux qui investissent leur argent dans l'achat de plantations.

Fumer
On chique le tabac (en le mâchant) ou on le fume dans des pipes ou des **brûle-gueule**.

Les perroquets
Les perroquets, au plumage chamarré, sont un ornement apprécié. Capables d'imiter la voix humaine, ils permettent de tromper la solitude.

« Nous sommes des aventuriers, riches aujourd'hui, pauvres demain. Nous ne savons pas le matin si nous serons encore en vie le soir. »

Le commerce
Dans les ports des Caraïbes s'accumulent des marchandises de toute nature, produites sur place ou venues par contrebande du monde entier. Des dizaines de commerçants attendent les pirates à leurs escales.

Une vie de roi
Ces rudes gaillards qui refusent toutes les règles en mer singent les manières des aristocrates une fois à terre. Il est vrai que parfois ils ont les moyens pour quelques jours de se sentir les rois du monde.

Au service du Roi

En janvier 1672, je suis revenu en Europe, à Amsterdam, mais le virus de l'aventure ne me quitte pas. Dès le printemps, je suis au Mexique. Je m'installe à Mérida. Mais je m'ennuie. Quand Roc le Brésilien, le fameux pirate, vient saccager la ville… je repars avec lui. Je m'installe ensuite à Kingston, en Jamaïque. Lorsque mon vieil ennemi, Morgan, le traître, est nommé vice-gouverneur, je rentre à Amsterdam, où j'écris mes mémoires. Mais ce que j'y raconte ne plaît pas aux Espagnols qui obtiennent mon expulsion de Hollande. Je n'ai pas le choix : je me rends à Saint-Domingue.

À la mi-janvier 1683, la *Marie-et-Marthe,* de Van Horn, mouille à Saint-Domingue. Une fois de plus, je m'embarque à son bord et nous rejoignons Michel, Grammont et de Graaf pour piller Veracruz. Revenu à l'île de la Tortue, je retrouve l'escadre royale du comte d'Estrées, vice-amiral de la flotte. Le comte me persuade de rentrer en France avec lui.

Le 8 janvier 1684, le *Furieux* accoste au port de Brest. Cela fait dix-huit ans que je n'ai pas revu ma famille. Je raconte mes souvenirs à mes parents et à mes proches dans la salle à manger. Protégé par le comte d'Estrées, je m'installe comme chirurgien à Paris et me convertis à la religion catholique en l'église de Saint-Germain-des-Prés, le 23 septembre.

Édit de Nantes : loi de 1598 qui autorisait les protestants à rester en France.
Diffamation : fait de porter atteinte à l'honneur et à la réputation de quelqu'un.

L'année suivante, le roi Louis XIV proclame la révocation de l'**édit de Nantes,** qui met les protestants hors la loi. Je me sens de plus en plus mal, comme tous mes anciens coreligionnaires. Mon passé de flibustier me poursuit. Morgan a le front d'attaquer en **diffamation** l'éditeur de mes mémoires. C'en est trop ! Je décide de retourner aux Isles.

J'accompagne des protestants de Honfleur désireux de s'installer à Saint-Domingue. À peine arrivé, je m'embarque sur le navire de Grammont qui va piller Campêche en juillet 1686. À l'automne, je reviens à Paris, pensant m'y installer.

Et pourtant, je n'en ai pas fini avec les Antilles…

Lorsque Louis XIV charge le baron de Pointis d'envoyer un corps expéditionnaire pour prendre le port de Carthagène, je suis choisi comme chirurgien personnel de l'amiral à bord du *Sceptre*.

Nous arrivons dans la baie du Petit-Goâve le 17 mars 1687 et nous comptons alors dix-sept vaisseaux et six mille hommes. Un millier de flibustiers nous y attendent ainsi que M. Ducasse, gouverneur de Saint-Domingue.

Lors d'un dîner qui rassemble tous les chefs de l'expédition, l'amiral expose notre mission.

– Messieurs, nous allons porter dans les Amériques la gloire des armes de France !

Je m'inquiète :

– Comment va se faire la rencontre entre ces nobles habitués à la rude discipline de **la Royale** et les flibustiers **dépenaillés** de Ducasse ?

– Ils plieront, mon ami. Que peuvent mille flibustiers contre la flotte de Sa Majesté ?

– Permettez-moi d'être moins optimiste, amiral…

La Royale : marine de guerre française.
Dépenaillé : vêtu de haillons.

La suite me donne raison. Deux jours plus tard, les gardes de la marine arrêtent un flibustier ivre mort qui a proféré des insultes contre la Marine royale. Aussitôt, une délégation de flibustiers vient exiger la libération de leur camarade. Pris de panique, les gardes tirent. On relève trois morts. La nouvelle se répand aussitôt chez les flibustiers. Ils courent aux armes et s'assemblent. Ils marchent en bon ordre, le fusil sur l'épaule, leur drapeau déployé, et se placent tout autour du fort. L'arrivée de Ducasse permet d'éviter la catastrophe, le prisonnier est libéré, et chacun reprend ses préparatifs.

Le 12 avril, notre flotte formidable mouille devant Carthagène, protégée par trois forts. Le fracas du bombardement fait fuir les habitants, mais la ville ne se rend pas.

Le siège dure six semaines. Les flibustiers opèrent toujours en avant-garde et ouvrent le chemin à l'armée en frayant un passage à travers la forêt, grâce à leur connaissance des pièges. Enfin, les forts sont enlevés les uns après les autres, au prix de lourdes pertes. Je ne chôme guère !

Le gouverneur de la ville sort, suivi de sa garnison, après avoir négocié la **reddition**. Nos troupes contrôlent les remparts et les avenues. Pointis me l'assure :

Reddition : capitulation.

– Cette fois, pas de pillage, mais les usages de la guerre.

Réunis sur la place, les habitants doivent écouter les conditions des vainqueurs. Après un roulement de tambour, un officier les proclame haut et fort :

– Chacun peut se retirer où bon lui semble, sans rien emporter de ses biens ; les marchands doivent donner

leurs livres de comptes et remettre leur argent ; chacun doit déclarer fidèlement ses réserves d'or, d'argent et de pierreries et en fournir la moitié.

À ce moment, des soldats fendent la foule, traînant avec eux un prisonnier. Je le reconnais, c'est le charpentier de l'*Amiral*, le navire de Ducasse. Il avoue avoir pénétré dans une maison sans autorisation et avoir dérobé de la vaisselle en or. Devant les habitants rassemblés, Pointis sort son pistolet et lui brûle la cervelle. Les flibustiers sont prévenus...

Un mois se passe à recevoir l'or, l'argent et les pierreries que les habitants viennent déposer. Tous ces trésors sont numérotés avant d'être embarqués. Les remparts sont détruits, et tous les canons de fonte démontés et embarqués.

Vient l'heure du retour, et surtout du partage. Tous les marins, matelots de la Royale et flibustiers, sont réunis par M. de Pointis.

– Messieurs, vous avez combattu comme des braves...

– Assez de discours, donne-nous notre part, cela fait assez longtemps que nous attendons !

– J'y viens, n'en doutez pas. Tous ces trésors appartiennent désormais à **Sa Majesté Très Chrétienne**. Pour prix de votre peine, vous recevrez une **solde** double.

Sa Majesté Très Chrétienne : ici, Louis XIV.
Solde : rémunération versée aux soldats.

– Quoi ? Toute cette expédition pour une misérable **aumône** ?

Aumône : ici, petite somme d'argent.

Le vent de la révolte semble animer les flibustiers exaspérés. La garde peine à les contenir... Ducasse tente de s'interposer.

– Mes amis, écoutez-moi...

– Va au diable, tu nous as menti !

Pointis, inflexible, donne l'ordre d'appareiller. Un à un les navires de la flotte, alourdis par le colossal butin, quittent leur mouillage. Je regarde le cœur serré les bateaux de mes anciens compagnons : ils ont toutes les raisons de se sentir bernés. Pour eux, le butin pris doit être partagé à parts égales entre tous... Mais bientôt, ils rebroussent chemin et nous faussent compagnie : ils retournent à Carthagène, pour prendre les richesses que nous avons laissées aux habitants. Comment leur en vouloir ?

Épilogue

Les cloches résonnent à toute volée, le soleil nous aveugle à la sortie de l'office funèbre. En ce matin de juin 1707, je suis les funérailles du comte d'Estrées, le bienfaiteur de ma famille.

Voici dix ans que j'ai posé à terre, définitivement je crois, mon coffre de chirurgien. Mes livres édités en français ont un grand succès : ma réputation de chirurgien, d'aventurier et d'écrivain m'ouvre les portes de tous les salons. Mais il est difficile d'expliquer la vie de mes anciens compagnons. Je sens bien que l'on m'écoute mais que l'on ne me comprend guère.

Duchesses et marquis font cercle autour de moi.

– Dites-nous, monsieur l'aventurier, sont-ils aussi cruels qu'on le dit ?

– Certes oui, madame. Dans la république des pirates, celui qui commet le plus de crimes est regardé comme un individu extraordinaire.

– Ne craignent-ils pas Dieu et le roi ?

– Pour la police du roi, les Antilles sont bien lointaines. Quant à Dieu... Monbars se sentait armé par la **Providence** pour châtier les Espagnols de tout le mal qu'ils ont fait aux Indiens.

Providence : sagesse divine.

– La belle affaire…

– Leur vie est un jeu. Que font-ils, sinon lancer les dés dans une terrifiante partie menée contre le hasard, la **servitude** ou la fatalité ?…

– … Et contre les honnêtes gens !

– Si vous voulez, mais ils ne craignent guère la justice des hommes. L'un d'eux attendant le supplice trouvait encore la force de plaisanter : « Je deviens si maigre, que si cela doit durer longtemps, je crains que mon corps ne soit pas assez lourd pour tirer sur le nœud de la corde. »

– Comment avez-vous pu rester auprès de ces brigands sans foi ni loi ?

– Détrompez-vous, ils observent entre eux l'ordre le plus parfait. Tout ce qu'ils prennent est divisé en parts égales. Si l'un d'entre eux détourne pour lui-même la moindre part du butin, il est aussitôt mis **en quarantaine**.

Servitude : esclavage.
En quarantaine : isolé des autres.

– Vous nous décrivez là des saints !

– Certes non, mais ils sont entre eux très courtois et très charitables.

Mes vrais souvenirs, je les garde au fond de moi. Tous ceux à qui je me suis attaché n'ont guère dépassé la trentaine d'années, usés par ces courses folles.

La vie des frères de la côte, ce sont les dures peines des marins : les cordages qui écorchent les mains, les veilles,

les dangers du vent et de l'ouragan, le risque des rencontres, les inconvénients d'une nourriture malsaine, qui fait tomber les dents, l'eau croupie dans les tonnelets qu'on boit en se bouchant le nez, la faim, la soif souvent, la **vermine** sur notre peau. Parfois, le cadavre d'un ami jeté par-dessus bord, la perspective d'une corde…

Vermine : insectes parasites (puces, poux, punaises…).

Mais aussi l'ivresse de l'abordage, la fierté de berner ses poursuivants et de leur échapper, la joie du butin et ces semaines passées à boire et à jouer. Et cette liberté de se sentir, certes esclaves de ses passions, mais livrés aux seuls caprices de ses envies.

Les temps ont changé, les Indes sont devenues des Isles à sucre. C'est aujourd'hui l'affaire des flottes royales et des compagnies de commerce. Il n'y a plus d'engagés, remplacés par des milliers d'esclaves. Les boucaniers survivent dans quelques rares forêts. On me dit que les pirates sont désormais dans l'océan Indien, et que tous mes compagnons sont morts, ou bien rangés dans une vie paisible.

Après tout, je leur ressemble : toute ma vie, je me suis plu à marcher contre le torrent, sans jamais suivre la trace des hommes sages qui continuent leur route par les sentiers fréquentés…

À LA FIN DU XVIIe SIÈCLE, la France, l'Angleterre et les Provinces-Unies atteignent leur but : le monopole espagnol sur les richesses du Nouveau Monde prend fin.

Servante apportant un bol de chocolat

La fin d'une époque
Les Antilles deviennent des colonies méthodiquement exploitées. La population indienne est décimée, la forêt est remplacée par des plantations, le temps des pirates et des boucaniers s'achève.

Port de Bordeaux au XVIIIe siècle

Reddition des Hollandais devant le comte de Toulouse

De nouvelles règles
Désormais, le commerce atlantique rapporte tellement d'argent que les marines régulières (anglaise, hollandaise, française) ont pour mission de protéger les routes maritimes, contre les puissances ennemies, mais aussi contre les pirates.

Bateaux négriers transportant des esclaves vers l'Amérique

Les ports
Les ports atlantiques comme Bordeaux ou Nantes, point de départ et d'arrivée du commerce avec le Nouveau Monde, accumulent une richesse extraordinaire au cours du XVIIIe siècle.

Les esclaves
Pour travailler sur les plantations, la traite est organisée : des centaines de milliers d'Africains sont transportés comme du bétail et vendus comme esclaves en Amérique.

Les cales des bateaux négriers sont conçues de manière à pouvoir charger le plus grand nombre d'esclaves possible.

« Les temps ont changé, les Indes sont devenues des Isles à sucre. »

De nouveaux produits
Au début, le café, le chocolat, le thé et les autres « produits tropicaux » que les Antilles produisent sont très chers. Mais leur consommation se répand dans toutes les couches des sociétés européennes.

Histoire et légende des pirates

La légende

L'histoire des pirates des Caraïbes est d'abord l'histoire d'une légende. Tous les enfants savent d'instinct se déguiser en pirates... L'image des flibustiers nous est familière grâce à la littérature d'aventures, dont le chef-d'œuvre reste *L'Île au trésor* de Robert Louis Stevenson, que François Place a remarquablement illustrée en 1994 (Gallimard-Jeunesse). Grâce aussi au cinéma, puisque les films de pirates ont longtemps été un genre particulier, un peu comme le western. Comme souvent, ces légendes ont fini par ne plus ressembler à la réalité.

L'île de la Tortue
Cette petite île de 190 km² est située à dix kilomètres au nord de Saint-Domingue. Elle est d'abord occupée par des planteurs et boucaniers anglais et français au début du XVIIe siècle.
En 1640, les Français s'emparent de l'île, en chassant les Anglais puis les Espagnols.
La Tortue devient alors le principal repaire des pirates de la région.
Elle connaît son âge d'or sous le gouvernement de Bertrand d'Ogeron de 1665 à 1672, qui y fait construire un fort.

Les témoignages

Les historiens ont étudié précisément les témoignages des pirates, ou de ceux qui les ont connus.

Dans la première catégorie, le récit d'Alexandre Olivier Exmelin (ou Oexmelin) *Histoire des aventuriers flibustiers qui se sont signalés dans les Indes...* est célèbre depuis les premières éditions entre 1678 et 1699 (Phébus, 1996). C'est le guide que nous nous sommes choisi pour vous guider sur la trace des pirates.

Autre source majeure, Daniel Defoe, le célèbre auteur de *Robinson Crusoé,* qui a écrit sous le pseudonyme du capitaine Johnson une *Histoire générale des plus fameux pirates* (Phébus, 1990).

La réalité historique

Les recherches historiques permettent de rétablir certaines vérités.
Les exploits réels ou supposés des pirates peuvent s'expliquer par la volonté des rois de France et d'Angleterre de ne pas laisser aux seuls Espagnols les richesses de l'Amérique. En outre, on peut lier la férocité des pirates à celle des guerres de religion entre catholiques et protestants qui ont ravagé l'Europe quelques décennies plus tôt.
La distinction entre corsaires au service du Roi et pirates travaillant pour leur compte reste très floue. Ces aventuriers qui étaient très souvent des marins qui ne supportaient plus la discipline extrêmement dure des flottes royales ont, en fait, pris plus de villes fortifiées du Nouveau Monde que de bateaux espagnols très efficacement protégés.

Barbe-Noire
Edward Teach, de son vrai nom, est un pirate anglais (1680-1718) qui terrorise les populations des côtes américaines. Il porte une imposante barbe noire dans laquelle il fait des tresses. Son aspect allié à sa brutalité en font une des figures les plus effrayantes du monde de la piraterie.

Le point de vue de l'auteur

On peut toujours être méfiant à la lecture de récits d'aventures : et si l'auteur était en train de mentir ? Pourtant, ce n'est pas le sentiment que l'on a en lisant Exmelin. Au contraire, on peut regretter à plusieurs reprises qu'il n'en dise pas davantage, comme s'il se cachait derrière ses personnages, à la manière d'un romancier. Bien sûr, il devait rester prudent et craindre les autorités. Mais après tout qu'importe ! Chaque homme a le droit de garder ses secrets. Qui sait ? nous retrouverons peut-être un jour ce qu'il n'a pas voulu nous dire bien caché dans un coffre, quelque part dans une île déserte...

CRÉDITS PHOTOGRAPHIQUES

h : haut b : bas
d : droite g : gauche
c : centre

18 h : G. Engelmann (1788-1839), *Le Dragon missionnaire*, lithographie, Paris, BNF. © Bridgeman Giraudon-Lauros ; cg : W. Wissmig (1656-1687), *Portrait de Guillaume II*, Bath, Holburne Museum. © The Bridgeman Art Library ; cd : A. Sanchez-Coello (1531-1588), *Portrait de Philippe II*, huile sur toile, Châteaux de Versailles et du Trianon. © RMN/Jean-Lewandowski ; c : École française XVIIe siècle (d'après J. Callot), *Siège de la Rochelle*, huile sur toile, Châteaux de Versailles et du Trianon. © RMN/ G. Blot.

19 : J. Werner (1637-1710), *Louis XIV en armure*, 1663, gouache, Châteaux de Versailles et du Trianon. © RMN/ G. Blot.

30 hg : gravure coloriée d'après Th. de Bry, *Mine d'or*, 1596. © AKG, Paris ; bg : pièces de huit. Coll. particulère, DR ; h : plant de café. Coll. particulière, DR ; h : Z. Wagner (1614-1668), canne à sucre, aquarelle, Dresde, Staatliches Kupfertichkabinett. © AKG, Paris ; c : plant de tabac. Coll. particulère, DR ; b : lithographie, vers 1820, fruit du cacao. © AKG, Paris.

31 coupe de la canne à sucre. Coll. particulière, DR.

42 h : coup de fouet. Coll. particulière, DR ; c : une plantation aux Antilles. Coll. particulière, DR.

43 hg : pain kassav. © RG Plant, DR ; hc : préparation de la cassave. © JB Labat-DR ; b : supplice du cep. Coll. particulière, DR.

54 g : *Un boucanier et son chien*, gravure de 1775 tirée de l'œuvre d'Exmelin. Coll. particulière, DR ; d : *Scènes de la vie d'un boucanier dans la savane de St-Domingue*. Coll. particulière, DR.

55 h : *Chasse à la tortue*. DR ; c : dessin de MA Rochette. DR.

66 hg : gravure d'après A. Debelle (1805-1897), *Henry Morgan*, Paris, BNF. © AKG, Paris ; hd : gravure d'après A. Debelle (1805-1897), *Le chevalier de Grammont*, Paris, BNF. © AKG, Paris ; b : gravure coloriée XIXe siècle, *Mary Read*. © AKG, Paris.

67 g : drapeaux de pirates. © CORBIS/Bettmann ; gc : drapeau rouge de pirates. © Coll ES-Explorer Archives ; hd : gravure hollandaise, *Jean David Nau, dit l'Olonnais*, Paris, BNF. © Coll. Roger-Viollet ; c : Louis d'or, document Jean Vinchon, Paris. © Dagli Orti, Paris ; c : escudos espagnols, monnaie royale de Ferdinand II le catholique. Madrid, Musée de la monnaie. © Artephot /Oronoz ; bd : coffre de marine dit de Nuremberg, blindé avec une fermeture à 13 pènes, bois et métal fin XVIe siècle, Marseille, Musée du vieux-Marseille. © Bridgeman Giraudon.

76 Th. Gudin (1802-1880), *Prise d'un galion espagnol par le flibustier Pierre Legrand au large des Bahamas*, 1643, huile sur toile, Châteaux de Versailles et du Trianon. © RMN/Hervé Lewandowski ; b : canon. © P. Léger/Gallimard.

77 h : gravure début XIXe siècle, *Abordage du Triton par le navire corsaire* Le Hasard, Paris, Bibliothèque des Arts décoratifs. © Dagli Orti, Paris ; divers armes. © P. Léger /Gallimard ; b : cassette d'instruments pour l'étude de l'anatomie, XVIIe siècle, Rome, Musée de l'art sanitaire. © Dagli Orti, Paris.

86 hg : H. Pyles (1853-1911), *Supplice de la planche*, gravure coloriée, Coll. privée. © The Bridgeman Art Library ; bg : requin, illustration de P. Robin ; hd : école américaine XXe siècle, *Capitaine Kid pendu*, Washington, Library of Congress. © The Bridgeman Art Library ; bd : jambes de bois. © P. Léger/ Gallimard.

87 h : cédrat. DR ; b : gravure d'après Daumier. Coll. particulière, DR.

98 h : *Indien caraïbe*, gravure. Coll. particulière, DR ; b : gravure coloriée d'après Th. de Bry,

Bataille des Espagnols contre des pirates français à Cuba, 1595, Augsburg, Bibliothèque Nationale. © BPK.

99 h : *Fort de flibustiers, la tour d'Orgeon*, XVIIe siècle. © illustration de F. Brosse ; c : Canons des remparts de Carthagène. © Hémisphères/J.-B. Rabouan ; b : gravure de Th. de Bry, 1595, *Attaque de Carthagène par les Français*, Augsbourg, Bibliothèque Nationale. © BPK.

108 h : brûle-gueule en bois. Coll. Gallimard, DR ; b : jeu de cartes, début XVIIIe siècle, Museo espanol de Antiguedades. © Coll. Grob/Kharbine-Tapabor.

109 G. Alaux (1887-1965), *Flibustiers*. © Roger-Viollet/P. Barbier-copyright ADAGP, Paris 2003-01-29.

122 h : J.-E. Liotard (1702-1789), *Jeune fille au chocolat*, pastel, 1744, Dresde, Gemäldegalerie. © AKG, Paris ; b : gravure, XVIIIe siècle, *Victoire remportée par l'armée navale de Louis XIV en 1704 sur la flotte anglaise et hollandaise*, Paris, BNF. © Bridgeman Giraudon-Lauros ; c : J. Vernet (1714-1789), *Première vue du port de Bordeaux, prise du côté des salinières*, 1759, Paris, Musée de la Marine. © RMN.

123 hg : J.-H. Bernardin de Saint-Pierre (1737-1814), *Vue en coupe d'un bateau d'esclaves*, d'après un manuscrit de l'artiste, encre sur papier, Paris, Bibliothèque de l'Arsenal. © Bridgeman Giraudon/ Archives Charmet ; hd : gravure XVIIIe siècle, *Bateau négrier*, Paris, Musée des Arts africains et océaniens. © Dagli Orti, Paris ; b : carte de la Martinique (Antilles françaises). © Coll. Roger-Viollet.

124 *L'Île de la Tortue*, gravure aquarellée tirée de *Bref discours sur des choses remarquables*, Champlain, 1600. Coll. particulière.

125 Barbe-Noire le pirate, New York Public Library, Astor, Lennox and Tilden Foundations. DR.

Bibliographie

D. Defoe, *Histoire des plus fameux pirates*, Phébus, 2002.

A. O. Exmelin, *Les Flibustiers du Nouveau Monde*, édition établie et présentée par M. Le Bris, Phébus, 1996.

P. Jacquin, *Sous le pavillon noir*, Découvertes Gallimard, 2002.

G. Lapouge, *Pirates, boucaniers et flibustiers*, Le Chêne, 2002.

M. Le Bris, V. Serna, *Pirates et flibustiers*, Hoëbeke, 2001.

R. Platt, *Corsaires et pirates*, Les Yeux de la Découverte, Gallimard, 2002.

R.-L. Stevenson, *L'Île au trésor*, Gallimard Jeunesse, 1994.

Sites internet

www.musee-marine.fr

blindkat.tripod.com/ pirates

www.rochedalss.gld.edu.au/pirates

www.piratesinfo.com/mainphp

Sur les traces

Direction éditoriale : Françoise Favez
Direction artistique : Élisabeth Cohat

Sur les traces des pirates

Graphisme : Christine Régnier
Édition : Françoise Favez
Iconographie : Laure Bacchetta
Carte : Fernand Mognetti

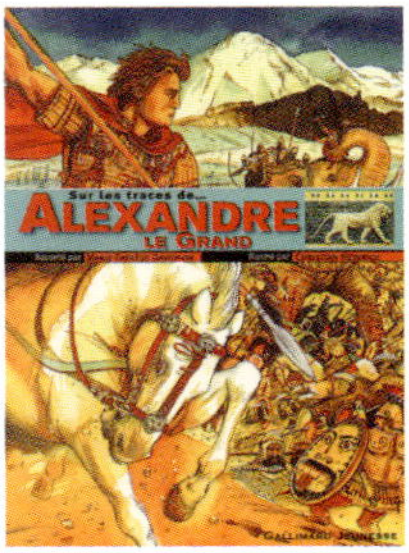

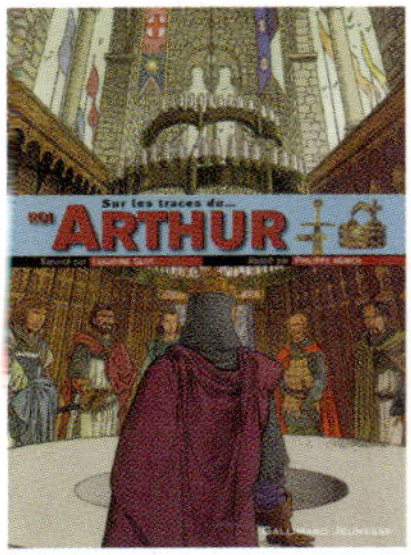

DANS LA MÊME COLLECTION :

Sur les traces...

des dieux d'Égypte - de Moïse - d'Ulysse - des fondateurs de Rome - d'Alexandre le Grand - de Jules César - de Jésus - du roi Arthur - d'Aladdin - de Marco Polo - de Christophe Colomb - de Léonard de Vinci